VÍDEO
Da emoção à razão
Laboratório

SERVIÇO À PASTORAL DA COMUNICAÇÃO

COLEÇÃO PASTORAL DA COMUNICAÇÃO: TEORIA E PRÁTICA

A. *Série Manuais* (aplica, na prática, os conteúdos laboratoriais realizados no Sepac)

1. Rádio: a arte de falar e ouvir (Laboratório)
2. Jornal impresso: da forma ao discurso (Laboratório)
3. Publicidade: a criatividade na teoria e na prática (Laboratório)
4. Teatro em comunidade (Laboratório)
5. Internet: a porta de entrada para a comunidade do conhecimento (Laboratório)
6. Oratória: técnicas para falar em público (Laboratório)
7. Espiritualidade: consciência do corpo na comunicação (Laboratório)
8. Vídeo: da emoção à razão (Laboratório)

B. *Série Dinamizando a comunicação* (reaviva, sobretudo nas paróquias, a Pastoral da Comunicação para formar agentes comunicadores)

1. Dia Mundial das Comunicações Sociais – Maria Alba Vega
2. Comunicação e liturgia na comunidade e na mídia – Helena Corazza
3. Comunicação e família – Ivonete Kurten

Em preparação:
- Pastoral da Comunicação
- Comunicação e catequese
- Comunicação e os jovens
- Comunicação e as crianças

C. *Série Comunicação e cultura* (oferece suporte cultural para o aprofundamento de temas comunicacionais)

1. Cultura midiática e Igreja: uma nova ambiência – Joana T. Puntel
2. Comunicação eclesial: utopia e realidade – José Marques de Melo
3. INFOtenimento: informação + entretenimento no jornalismo – Fabia Angélica Dejavite
4. Recepção mediática e espaço público: novos olhares – Mauro Wilton de Sousa (org.)

SEPAC – Serviço à Pastoral da Comunicação

VÍDEO
Da emoção à razão
Laboratório

Dados Internacionais de Catalogação na Publicação (CIP)
(Câmara Brasileira do Livro, SP, Brasil)

Vídeo : da emoção à razão : laboratório / SEPAC – Serviço à Pastoral da Comunicação.
— São Paulo : Paulinas, 2007. — (Coleção pastoral da comunicação : teoria e
prática. Série manuais)

Bibliografia.
ISBN 978-85-356-0482-5

1. Material audiovisual - Produção 2. Vídeo - Manuais I. SEPAC – Serviço à
Pastoral da Comunicação. II. Série.

07-1568   CDD-384.558

Índice para catálogo sistemático:
1. Vídeo : Produção : Comunicações   384.558

Organização: *Equipe do SEPAC*

Elaboração do texto: *Gisele Paulucci*

Direção-geral: *Flávia Reginatto*

Editora responsável: *Luzia Sena*

Assistente de Edição: *Andréia Schweitzer*

Copidesque: *Mônica Elaine G. S. da Costa*

Coordenação de revisão: *Marina Mendonça*

Revisão: *Jaci Dantas*

Direção de arte: *Irma Cipriani*

Gerente de produção: *Felício Calegaro Neto*

Ilustrações e fotos : *Gisele Paulucci*

Capa e editoração: *Manuel Rebelato Miramontes*

Paulinas

Rua Pedro de Toledo, 164
04039-000 – São Paulo – SP (Brasil)
Tel.: (11) 2125-3549 – Fax: (11) 2125-3548
http://www.paulinas.org.br – editora@paulinas.com.br
Telemarketing e SAC: 0800-7010081

SEPAC – Serviço à Pastoral da Comunicação

Rua Azevedo Macedo, 129 - Vila Mariana
04013-060 – São Paulo – SP (Brasil)
Tel.: (11) 5571-9762 – Fax: (11) 5572-9601
http://www.sepac.org.br – sepac@paulinas.com.br

© Pia Sociedade Filhas de São Paulo – São Paulo, 2007

Sumário

Introdução

Já se ouviu por aí que muitas vezes uma imagem fala mais do que mil palavras. O que dizer então de um meio capaz de associar imagens em movimento, palavra, música, ruído e texto? O vídeo agrega todas estas formas de expressão a serviço da comunicação, da troca de idéias, da diversão, do esclarecimento, da ilusão, da informação. Como qualquer tecnologia, seu potencial pode se concretizar em diversas direções: da solidariedade, do autoritarismo, do estímulo ao consumo, do aprendizado. O vídeo, o audiovisual, é utilizado por empresas de comunicação para cativar imensas audiências; por pequenos produtores independentes que desejam atingir públicos muito específicos; por famílias que querem manter suas memórias afetivas registradas e também por pesquisadores que fazem dele um instrumento de busca ao conhecimento.

Pensando num contexto não-comercial, pode-se perceber que o vídeo permite que experiências, depoimentos, cenas da realidade local sejam registrados e exibidos muito além de seu contexto original. Possibilita contatos e a troca de experiências entre educadores, famílias, grupos de estudantes e entidades de ensino, museus, igrejas, pesquisadores, comunidades de bairro, ONGs, entidades assistenciais, entidades de classe, prefeituras, secretarias de cultura e ensino, e muitos outros.

Pode-se imaginar o caso de um educador popular ligado a uma comunidade ribeirinha da periferia da Grande São Paulo que se tenha proposto a desenvolver um trabalho de pesquisa e resgate da história da região. Esse estudo seria feito com um grupo de estudantes do ensino médio, juntamente com seus pais e avós, e teria um viés voltado para o estudo da história do impacto das atividades econômicas de uma região vizinha sobre o rio e o meio ambiente. Para compartilhar essa experiência com seus colegas e amigos, esse educador popular poderia realizar uma série de ações: ter um círculo de conhecidos, educadores e líderes comunitários, com quem pudesse se reunir, mostrar fotografias da atividade em campo, contar o que aconteceu, olho no olho, contagiando assim a todos com sua experiência. Mas quantas pessoas ele poderia atingir dessa maneira? Cinco, sete, dez? Mais do que isso passa a ser improvável. Levando essa experiência para os círculos acadêmicos, ele certamente ampliaria o leque de pessoas com quem poderia conversar. Num congresso ou num colóquio, raramente a comunicação atinge mais do que uma centena de pessoas. Restam, então, os meios de comunicação eletrônicos: TV, rádio, vídeo, internet. Cada um com suas características e buscando encontrar seu público. Entre essas possibilidades, destaca-se o vídeo.

Voltando ao trabalho desse educador popular, agora no contexto de um estudo e de uma produção intermediados pelo vídeo, torna-se viável discutir alguns desdobramentos do trabalho inicial. Tal estudo precisaria resgatar a memória dessa população por meio de um registro que servisse de suporte para perpetuá-la. Como fazê-lo? O vídeo pode ser uma das hipóteses mais interessantes, porque agrega a emoção à informação. Os relatos em vídeo possuem uma carga emocional que cativa o espectador, já que este aprecia ver imagens de pessoas que contam histórias, dos locais onde essas histórias acontecem, ouvir as canções que as comunidades cantam, observar o contraste entre idosos e crianças, entre ferramentas tradicionais e novas tecnologias. O registro em vídeo torna possível que todos esses elementos causem impacto sobre o espectador, atingindo-o simultaneamente, estimulando visão e audição e, de modo indireto, causando efeitos sensoriais que estimulam os outros sentidos, como tato e paladar.

Além da transmissão dos depoimentos e da cultura local, esse educador popular poderia levar à comunidade imagens em vídeo da produção industrial da região vizinha e os flagrantes dos dejetos químicos jogados sem tratamento no rio. Essa simples visualização pode despertar debates, trazer à tona a necessidade de se fazer algo para combater a degradação ambiental na região. Tais imagens, produzidas em comunidade, poderiam ser enviadas às redes de televisão locais e regionais como forma de denúncia, para atrair a atenção das autoridades ao problema e despertar a simpatia da população pelo movimento comunitário.

Por fim, toda a história dessa ação, devidamente registrada em vídeo e montada com os depoimentos, poderia gerar um belíssimo documentário a ser inscrito em festivais, enviado a comunidades de regiões distantes, submetido às emissoras de TV educativas e copiado num formato digital compatível com a transmissão via internet. Assim, o leque de pessoas atingidas por esse material cresceria indefinidamente, e sua mensagem iria se propagar.

Tal estrutura pode até parecer inviável, e sua prática, uma simples utopia; porém, na verdade, com a utilização de novas tecnologias de captação, edição e exibição de audiovisuais, especialmente o vídeo digital que transformou câmeras caseiras em equipamentos semiprofissionais, não só a produção de documentários ganhou novo fôlego (há vários festivais no Brasil, como o "É tudo verdade"), como o acesso a esse tipo de ferramental foi democratizado. O baixo custo e a facilidade de manuseio permitem ao realizador (seja ele educador, pesquisador, estudante, agente comunitário) liberdade para compor esses registros audiovisuais, adaptando-os a seus objetivos, às particularidades das condições de captação das imagens e ao público-alvo ao qual se destinará. É acessível, viável, extremamente recompensador e prazeroso.

O objetivo deste manual é demonstrar, da maneira mais detalhada possível, como se realiza um audiovisual – desde a idéia inicial, passando pela montagem do projeto, pela escrita do roteiro, pela pré-produção, pela fase das gravações até chegar à pós-produção – sem deixar de discutir as particularidades dessa linguagem tão presente na atualidade: *a linguagem audiovisual*.

Gisele Paulucci,
fevereiro de 2006.

Operação de câmera

Nenhuma gravação de audiovisual pode ser imaginada sem a câmera: equipamento que permite a captação das imagens e sons e é um dos maiores responsáveis pela narrativa audiovisual.

Em primeiro lugar, é necessário conhecer alguns controles básicos e certas funções importantes da câmera. As chamadas *handycams* são câmeras amadoras, pequenas, fáceis de transportar e operar e têm excelente custo-benefício. As mais recentes são digitais, o que facilita bastante a edição e o tratamento de imagens. As profissionais são maiores, produzem imagens mais definidas e possuem melhores recursos manuais, que admitem a interferência do operador no resultado final.

Na parte posterior da maioria das *handycams* estão os controles para ligar a câmera, gravar e assistir ao que foi gravado. Há ainda nichos para colocação de baterias e, muitas vezes, conectores para alimentar a câmera com energia elétrica.

Ao apertar a trava verde (em vários modelos recentes), pode-se girar o controle POWER e posicioná-lo de acordo com o que se deseja fazer: ligar a câmera, ligar em modo VCR (videocassete), desligar a câmera ou acessar a memória. O botão vermelho, REC, é o controle que inicia a gravação; funciona como um

"gatilho": uma vez acionado, começa a gravar; quando é apertado novamente, interrompe a gravação, aguardando o momento de voltar a gravar.

Na parte frontal da câmera, encontra-se o jogo de lentes objetivas e os controles de íris, foco e *zoom* (em modelos com opção de operação manual), que serão comentados a seguir. Além disso, há o microfone e, quando disponível, a lâmpada.

A íris controla a entrada de luz pela objetiva: quando aberta, possibilita a entrada de luz e a formação da imagem no corpo da câmera; ao se fechar, a entrada de luz diminui e a imagem pode ser escurecida até desaparecer. Imagem é luz. Assim, as

condições de iluminação podem influenciar, dramaticamente, na qualidade da imagem. Pouca luz gera um registro de pouca definição, a perda da qualidade da imagem, que fica "granulada". Excesso de luz cria um registro com pouca definição, pois as áreas claras da imagem "estouram" e as cores "saturam".

Excesso de luz entrando na câmera.

Algumas câmeras possuem controle manual da íris, o que dá chance ao operador de interferir ativamente sobre a qualidade da imagem. Essa intervenção deve ser feita de acordo com as condições de luminosidade do ambiente: luz do sol, dia nublado, luz de lâmpadas incandescentes, de lâmpadas fluorescentes, luz de velas etc. Para cada uma dessas condições há uma série de ajustes, que serão comentados no tópico sobre iluminação. Por ora, é conveniente saber que a maior parte das câmeras tem ajuste automático da íris. Modelos mais antigos costumavam ter um ajuste bastante simples para as condições de iluminação: uma chave selecionava o filtro *indoor*, para captação de imagens em ambientes internos, com luz artificial, ou o filtro *outdoor*, para imagens captadas ao ar livre. Atualmente, com a popularização das tecnologias digitais, as câmeras amadoras apresentam variados ajustes disponíveis nos *menus*: para condições de luminosidade típicas de praia (ou neve), no pôr-do-sol, em imagens noturnas, ambientes internos, luz de velas etc. Além disso, para a regulagem da iluminação, há um comando bastante útil, presente em todos os modelos de câmeras, chamado BACKLIGHT. Ele tem de ser usado quando o objeto ou a pessoa que se deseja gravar está escurecido ou diante de uma fonte de luz, como uma janela. O BACKLIGHT vai abrir um pouco a íris e permitir a entrada de mais luz. Com isso, o objeto ficará mais definido e a imagem, agradável; porém, o fundo pode ficar claro demais.

O ajuste de foco é o responsável pela nitidez da imagem. Uma imagem desfocada é indefinida. Normalmente as câmeras têm ajuste automático de foco, que calcula a distância entre a lente e o objeto para o qual ela aponta a partir do centro do enquadramento. Quando o ajuste de foco manual está disponível, é feito girando um anel que está montado com as lentes. O foco manual é importante para possibilitar ajustes precisos em situações complicadas: quando há pouca iluminação no ambiente; quando há um grande número de pessoas e o objeto de interesse não está destacado delas; quando há muita movimentação em quadro e é preciso seguir um objeto que se desloca e que não ocupa necessariamente o centro do enquadramento etc.

Também através das lentes é produzido o efeito de *zoom*, em que a imagem pode ser aproximada ou afastada. Tal efeito óptico é obtido pela movimentação das lentes que se aproximam ou se afastam entre si. Os equipamentos digitais possuem ainda a opção do *zoom* digital, em que a imagem é ampliada até limites impressionantes. O ajuste manual do *zoom*,

A palestrante (ao longe) não ocupa uma parte significativa do quadro para que o ajuste automático de foco funcione bem. A solução seria fazer um enquadramento mais próximo.

que pode ser feito nas câmeras profissionais, por meio de um anel ao lado do anel do foco, geralmente não está disponível nas câmeras amadoras. Nesse caso, o controle do *zoom* costuma ficar na parte superior da câmera, na forma de uma chave que desliza entre duas posições: T (*tele*) e W (*wide*). Empurrando a chave em direção a T, há uma progressiva aproximação da imagem, ou *zoom in.* Deslizando a chave em direção a W, há um progressivo afastamento da imagem, ou *zoom out.*

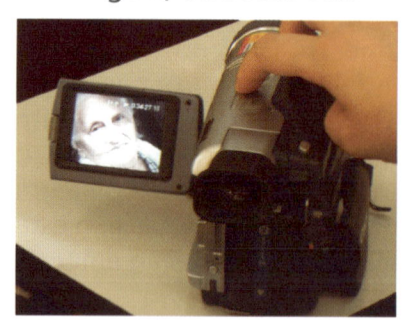

Além disso, na parte superior da câmera estão os controles VCR, que permitem assistir ao que foi gravado, colocar as fitas no ponto desejado, operar a câmera para a minutagem do material bruto etc.

Na lateral esquerda da câmera está o visor que permite ao operador controlar a qualidade da imagem sem que seja necessário olhar no *view finder*, o qual se encontra na parte detrás da câmera. Com esse visor de cristal líquido, o operador de câmera pode também compartilhar a imagem com a pessoa que estiver sendo gravada ou com o diretor, já que ele pode ficar em diversas posições. Abrindo o compartimento do visor, há uma série de controles disponíveis, que variam de câmera a câmera, mas em geral trazem as opções de ajuste para as condições de luminosidade, os efeitos especiais e o volume dos alto-falantes.

Alguns modelos de câmeras permitem a seleção da velocidade de gravação, SP, LP ou EP. Com essa variação de velocidade, da mais lenta (SP) à mais veloz (EP), pode-se acumular mais horas de material gravado numa fita. Quanto menor a velocidade de gravação (SP), melhor será a qualidade do sinal gravado. Graças a essa preocupação com a qualidade, a velocidade SP é a única adotada pelos equipamentos profissionais e semiprofissionais de edição. Por isso, é essencial ser a única utilizada para gravações que visem à produção de um audiovisual.

Usualmente, na lateral direita da câmera encontra-se o compartimento que recebe a fita ou outra mídia (mini DVD). A fita de vídeo deve ser colocada na câmera com as bobinas voltadas para dentro, a tampa acrílica que permite ver a fita enrolada apontada para fora e a lateral, onde se coloca a etiqueta, virada para cima. É importante não forçar a entrada da fita numa posição inadequada. Os equipamentos modernos possuem muitos controles eletrônicos e o processo tem de ser muito suave, caso contrário, corre-se o risco de danificar a câmera. O botão EJECT abre esse compartimento.

Na maioria dos modelos, na lateral direita da câmera há ainda um compartimento para conexão de cabos de áudio e vídeo, microfone externo e fone de ouvido. Este último é um acessório fundamental para monitorar a qualidade da gravação do áudio. Embora os microfones internos das câmeras mais recentes sejam bastante poderosos, convém sempre utilizar um microfone externo para garantir uma captação de áudio fidedigna. O ideal é adquirir um microfone direcional (que tem um ângulo bastante estreito de captação de áudio e pode captar somente a voz de um entrevistado mesmo num ambiente barulhento) e, se possível, um microfone de lapela ou de presilha (um pequeno instrumento que pode ser preso à roupa do entrevistado ou do apresentador, deixando-os com as mãos livres).

Para iniciar a gravação é necessário:

- colocar as baterias na câmera ou ligar a câmera à rede elétrica;

- ligar a câmera, selecionando no botão POWER a posição CAMERA;

- colocar a fita (ou o mini DVD);

- enquadrar;

- checar o som através do fone de ouvido;

- fazer um ensaio com o repórter ou os atores;

- apertar o botão vermelho REC para iniciar a gravação;

- quando desejar parar a gravação, basta apertar mais uma vez o botão vermelho REC;

- para rever o que foi gravado, apenas acione o comando REC REVIEW (disponível em alguns modelos), que exibe os últimos segundos de gravação, deixando a fita pronta para gravar em seguida, sem perder o ponto.

Caso decorra muito tempo entre a gravação de uma imagem e outra, a câmera entrará automaticamente num modo de economia de energia, o chamado STAND BY. O visor vai se apagar e ela parecerá estar desligada. Esse dispositivo é bastante útil porque não desliga realmente a câmera nem altera o ponto da fita. Basta recolocar o botão POWER na posição CAMERA que o equipamento poderá continuar a gravação normalmente.

Cada câmera tem suas particularidades e a posição dos comandos pode variar de modelo a modelo. Por isso, convém examinar o manual de instruções para tirar o máximo proveito do equipamento disponível.

Embora não seja difícil operar a câmera e cuidar da gravação, é importante lembrar que cada vez que ela for apontada para uma pessoa, um fato, um cenário, esse gesto traduz um olhar, uma visão sobre aquilo que é gravado. Além disso, esse apontar a câmera delimita um espaço de observação, um ponto de vista para o espectador. Captar imagens é um processo ideológico, portanto. E também um processo estético: criar ou não imagens belas é uma opção O estilo de cada realizador pode ser observado nas imagens que produz: imagens limpas e fluidas, suaves, como nos primeiros filmes de Steven Spielberg, que usa a câmera de maneira muito clássica; e, em outro extremo, as produções mais "alternativas", como nas fitas do movimento *Dogma*, em que a câmera se move de modo desajeitado, o som é ruim... A partir de todo o leque de opções existentes entre esses dois extremos, há a possibilidade de encantar, agradar, incomodar ou aterrorizar o espectador. Quanto mais prática e conhecimento possuir o realizador, mais domínio terá sobre o resultado final de sua obra.

Princípios de iluminação

Faz parte da preparação para a gravação o ajuste da câmera de acordo com as condições de iluminação do ambiente – luz natural, artificial, luz de velas, ambientes plenamente iluminados, como praias etc. –, ou com os filtros *indoor* e *outdoor*. Além desse ajuste, é necessário verificar os controles manuais de íris (quando disponíveis) e realizar o *white balance* (balanço do branco). Trata-se de uma regulagem de cores que a câmera faz a partir da informação sobre o branco do ambiente. Nas câmeras profissionais, esse ajuste é manual e consiste em apontar a câmera para uma superfície branca sob as mesmas condições de iluminação da gravação a ser feita e, em seguida, acionar o controle WB. Nas câmeras amadoras, o ajuste geralmente é automático.

Em gravações externas, a fonte de iluminação mais comum é a luz do sol. Barata, uniforme, abrangente, a luz solar pode parecer a melhor opção para gravações externas. Mas isso nem sempre é verdade. Dependendo da posição em que o sol estiver, do horário e da duração das gravações, gravar com luz natural pode causar efeitos indesejáveis na imagem. Para obter bons resultados devem-se evitar gravações por volta do meio-dia. Nesse horário a luz é muito intensa e incide na vertical, gerando sombras muito fortes sob os olhos, queixo e nariz das pessoas. Essas sombras, que parecem toleráveis a olho nu, dão a impressão de manchas pretas na tela da TV. O sol por trás do ator ou do objeto também precisa ser evitado, pois tende a escurecer bastante o assunto da gravação, ressaltando apenas o fundo (caso em que é aconselhável recorrer ao comando BACKLIGHT). As melhores horas para a gravação são as do início da manhã e do final da tarde. É importante conhecer os horários em que o sol nasce e se põe, para calcular a distribuição das cenas gravadas no dia.

Há situações em que a gravação dura muitas horas e, portanto, as condições de iluminação natural mudam drasticamente. No caso de uma gravação iniciada pela manhã, fatalmente o sol vai se colocar a pino. Para evitar as sombras e tornar uniforme a iluminação das cenas gravadas nesse dia, é essencial utilizar rebatedores ou luz de preenchimento. O rebatedor é um objeto qualquer que tenha uma área razoável e que reflita luz, como um pedaço de isopor ou cartolina brancos, ou cobertos de papel-alumínio. A luz do sol atinge a superfície do rebatedor e, quando este é corretamente posicionado, parte dessa luz é refletida sobre o objeto, iluminando-o de maneira suave e difusa. Outra opção é aplicar uma luz de preenchimento (*fill light*); trata-se de um refletor que gera luz intensa, porém suave, graças a um difusor[1] colocado diante da lâmpada. Assim, as sombras podem ser atenuadas. Cabe aqui comparar os dois recursos: no caso da luz de preenchimento, há sempre a necessidade de transportar um equipamento a mais, dotado de bateria, gerador próprio ou então verificar a possibilidade de utilizar um ponto de energia elétrica. Como esse refletor deve combinar-se com a luz do sol, precisa ser muito potente, o que acarreta grande consumo de energia elétrica. Por outro lado, a luz de preenchimento garante a qualidade do registro, já que os rebatedores dependem da perícia de um assistente para encontrar o ângulo certo de reflexão e da capacidade de manter esse recurso devidamente posi-

---

[1] O difusor é um filtro profissional que possui especificações diferentes de acordo com o tipo de efeito que se deseja produzir. De forma amadora, pode ser substituído por papel-manteiga ou papel vegetal, com a desvantagem de que esses substitutos não resistem à alta temperatura durante muito tempo. Devem, então, ser utilizados com cuidado.

cionado durante toda a gravação. Para isso é fundamental usar um monitor[2] para a câmera.

Para fazer gravações em estúdio ou em locações internas, são indispensáveis outras fontes de luz: os refletores. Embora as condições variem de local a local, há algumas recomendações relativamente simples que podem ser empregadas em todas as produções. Existem lugares ideais para posicionar os refletores, os quais são determinados pela localização da câmera e do seu objeto. As posições clássicas, empregadas no cinema e na TV, são: luz principal (*key light*), luz de preenchimento (*fill light*) e contraluz (*backlight*). Com isso é possível obter a chamada *iluminação de três pontos*, simples e clássica.

A luz principal (*key light*) é a chave da boa iluminação. O refletor que desempenha esse papel tem de ser posicionado voltado para o objeto, num ângulo de 45° em relação à câmera, e possuir entre 700 e 1.000 watts de potência.

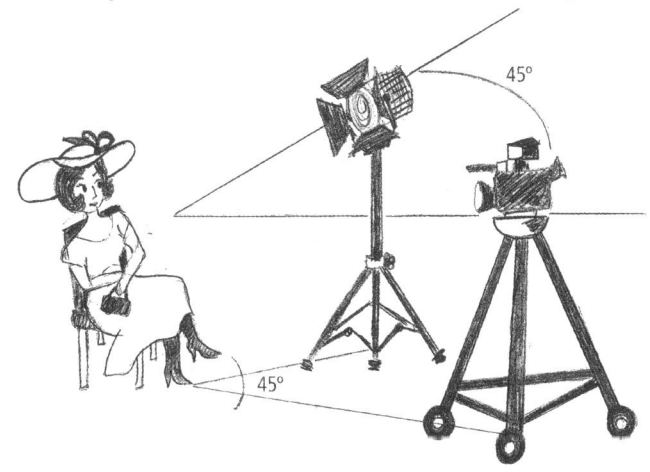

Montagem da luz principal

[2] Um pequeno monitor, semelhante a uma TV de 10 polegadas, que pode ser alimentado por baterias.

O segundo refletor a ser posicionado é o contraluz (*backlight*), cuja função consiste em separar o objeto do fundo, revelando seu contorno. Esse recurso confere tridimensionalidade, profundidade e perspectiva à imagem. É fundamental que o refletor esteja colocado acima do nível da cabeça do ator, de frente para a câmera. Para acentuar seu efeito, sugere-se o uso de gelatinas coloridas a fim de que o contorno do personagem fique ainda mais evidente.

Para complementar a iluminação de três pontos, resta posicionar o refletor para ocupar o papel de luz de preenchimento (*fill light*), também usada em externas. Sua função é reduzir o contraste entre luzes fortes e sombras. É uma luz suave, menos intensa que a luz principal (500 a 700 watts), e pode ser colocada na lateral do objeto, a 90° em relação à câmera.

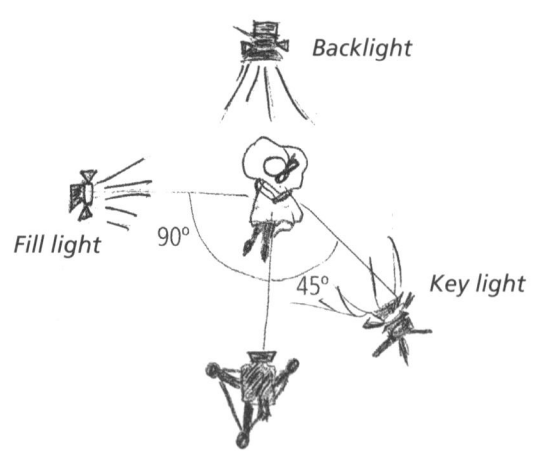

Vista de cima da montagem completa da iluminação de três pontos.

Quando há recursos disponíveis, trabalha-se até mesmo com uma posição extra de iluminação: a luz para o cenário, a luz do fundo. Ela pode acrescentar à cena mais profundidade e ressaltar pontos importantes na cenografia, como uma janela ou um móvel.

Nem sempre é possível servir-se dos três pontos para uma iluminação bem-feita. No caso de haver apenas um refletor disponível, vale um recurso simples: usar um refletor bastante potente (de mais de 1.000 watts) voltado para o teto ou para uma parede próxima. Se houver somente dois refletores disponíveis, convém privilegiar a combinação luz principal e contra-luz, lançando mão de rebatedores para atenuar as sombras, mesmo em ambientes internos.

A regulagem para condições de iluminação que as câmeras amadoras possuem corresponde ao ajuste de filtros internos da câmera profissional. Esse ajuste baseia-se na chamada temperatura de cor, um conceito que associa as tonalidades da luz à sua temperatura em graus Kelvin (uma unidade térmica, como os graus centígrados). Segundo esse princípio, um corpo negro, ao ser aquecido, vai mudando de cor. A 3.200°K o corpo negro fica alaranjado e a 5.600°K torna-se branco azulado. Essas duas referências são utilizadas de forma mais corrente quando se trabalha com equipamentos profissionais de gravação e iluminação. A luz solar, natural, é qualificada como azulada, graduada em 5.600°K. Já as lâmpadas incandescentes, mais comuns, são graduadas em 3.200°K e têm tonalidade alaranjada. Para uniformizar essa diferença, numa iluminação profissional são empregados "filtros" de correção. Melhor

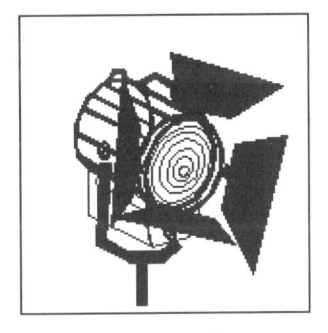

Geralmente os refletores possuem abas laterais, chamadas de bandeiras, que podem ser abertas ou fechadas. Com isso é possível dosar ou recortar a luz gerada pelo refletor.

dizendo, a fim de fazer a luz artificial parecer natural, coloca-se na câmera um filtro azulado para compensar o laranja. Na maior parte das vezes, essa correção é determinada pelo diretor de fotografia, que possui equipamentos especiais para medir a temperatura de cor de cada refletor utilizado na iluminação do estúdio.

Além das regulagens que podem ser realizadas por meio dos filtros das câmeras profissionais, há ajustes de filtros exteriores, chamados comumente de gelatinas. Semelhantes a folhas de papel celofane, mas extremamente resistentes à temperatura elevada, essas "gelatinas", quando colocadas diante dos refletores, corrigem a temperatura de cor e dão a impressão de uma luz natural. Por outro lado, para garantir uma iluminação uniforme em locações, é possível forrar janelas com gelatinas corretoras que baixam a temperatura de cor, a fim de tornar a luz que entra através delas igual à iluminação interna, gerada pelos refletores.

Mais do que corrigir a temperatura de cor, as gelatinas são capazes de simplesmente colorir a luz. Há uma profusão de gelatinas disponíveis para a criação do diretor de fotografia: a âmbar, em todas as tonalidades, é adequada para preparar belos poentes no estúdio; os tons de rosa e lilás são satisfatórios para dar vida e um ar saudável a pessoas de pele muito branca; os azuis ajudam a criar uma atmosfera noturna... Essas mesmas gelatinas servem para produzir efeitos de iluminação em shows e peças teatrais, por exemplo.

Conhecendo a linguagem audiovisual

A comunicação por meio da chamada linguagem audiovisual é efetuada a partir de vários elementos. Alguns deles são utilizados pelo diretor, no papel do produtor da mensagem, para concretizar a história contada no roteiro: o trabalho de câmera, a decisão do que permanece dentro ou fora de quadro, a própria posição da câmera em cena (que é o ponto de vista escolhido pelo diretor), a profundidade da cena, a iluminação, a direção dos atores,[1] a edição, a organização dos ruídos, a utilização da música, entre outros.

Com base em alguns autores que tratam da questão da linguagem audiovisual, como Aumont e Marie (1988), Aumont e colaboradores (1995), Garcia (1985) e Viallon (1996), foi elaborada uma relação de elementos que compõem a expressão audiovisual. Estes se dividem em aspectos visuais e sonoros, alguns deles específicos à expressão audiovisual e outros pertencentes a diferentes formas de manifestação cultural, a saber: o plano e a seqüência, elementos internos ao plano, mas inespecíficos à expressão audiovisual (como a cenografia); a palavra falada, diálogos e narrações, a música e os ruídos e, por último, a montagem e a edição.

A descrição a seguir procura caracterizar os componentes visuais e sonoros citados anteriormente, e também a maneira como os responsáveis pela criação do audiovisual

---

[1] Apesar do seu trabalho com os atores ser de fundamental importância para a concretização do roteiro, nota-se que, tradicionalmente na TV, o diretor não é o responsável pela escolha do elenco na televisão, território no qual se costuma observar a preponderância do escritor ou autor.

(diretor e equipe) se apropriam deles para criar uma forma própria de expressão e comunicar-se com o público.

O plano e a seqüência

O plano é uma unidade visível criada pela câmera. Em relação a cada plano, é necessário observar: o tamanho do recorte (ou enquadramento), a nitidez da imagem, os movimentos internos ao plano, os movimentos do plano em relação ao assunto mostrado (movimentos de câmera e de lentes) e as relações que estabelece com os planos que lhe são vizinhos depois de montados em seqüência. A definição de plano está intimamente ligada ao ponto de vista sobre a ação, uma vez que pode ser entendido como um recorte da realidade ou do cenário efetuado pela câmera a partir de um lugar marcado de onde a realidade é presenciada. Ele implica não só esse trabalho de seleção, como até uma duração, definida no momento da captação da imagem e, posteriormente, no trabalho da montagem. É importante lembrar que o espectador de cinema ou de televisão só pode ver o que a câmera mostra, de acordo com um recorte, por certo tempo.

O trabalho com o audiovisual permite uma série de procedimentos na criação do plano que torna a imagem carregada de significado: a utilização do ponto de vista dado pela câmera, que "corresponde à encarnação de um olhar no enquadramento [...] tudo o que faz com que um enquadramento traduza um julgamento sobre o que é representado, ao valorizá-lo, ao desvalorizá-lo, ao atrair a atenção para um detalhe no primeiro plano etc." (Aumont, 1995, p. 156). A partir da colocação da câmera, é possível fazer um uso criativo dos limites do plano (numa analogia com a moldura de uma pintura) simplesmente pelo centramento ou descentramento da imagem, bem como pelo ângulo da câmera em relação ao assunto (câmera alta ou câmera baixa).

Cada enquadramento que a câmera faz sobre o assunto recebe um nome específico: os planos mais distantes são normalmente utilizados para localização geográfica, apresentação de cenários ou para demonstrar a movimentação dos personagens. São descritivos, informativos. Os mais comuns são o Grande Plano Geral (GPG), o Plano Geral (PG) e o Plano de Conjunto (PC).

Grande Plano Geral

O *Grande Plano Geral (GPG)* constitui um enquadramento muito amplo, aplicado para localizar a ação em termos geográficos. Nele, a figura humana se perde.

Plano Geral

O *Plano Geral (PG)* é mais restrito que o GPG e permite situar os personagens no cenário, identificando a figura humana. Capta as ações humanas, os deslocamentos de grupos ou veículos. Em ambientes internos, é caracterizado quando a pessoa aparece inteiramente, com boa definição da totalidade do ambiente.

Plano de Conjunto

Em geral, o *Plano de Conjunto (PC)* é usado para mostrar um grupo de pessoas num cenário, em composição com elementos da cenografia, como móveis, veículos etc. O cenário não é mostrado em sua totalidade.

Aproximando mais a câmera dos personagens, os planos resultantes começam a privilegiar aspectos narrativos. Expressão facial dos atores, ações de personagens isolados, conexões entre os personagens são os elementos trabalhados nestes planos, os quais se dividem em: Plano Americano (PA), Plano Médio (PM) e Plano Médio Fechado (PMF).

Plano Americano

O *Plano Americano (PA)* é aquele que recorta a figura acima dos joelhos. Esse enquadramento é muito útil porque possibilita a visualização de ações do personagem, como cozinhar, jogar bola, dançar, brigar com alguém, correr, ao mesmo tempo que sua expressão facial é "lida" pelo espectador. Assim, conjuga os registros da ação e da emoção, o que é muito valioso para a narrativa.

Plano Médio

O *Plano Médio (PM)* enquadra a figura humana da cintura para cima. É muito usado em diálogos, telejornais e programas de TV em que o apresentador dirige-se ao público. A conversa, a fala humana, é o grande assunto do Plano Médio. Nele, há uma pequena referência do cenário e a atenção fica voltada ao ator ou ao apresentador. Elementos do cenário serão percebidos nas margens do quadro.

Plano Médio Fechado

Uma variação do Plano Médio é o *Plano Médio Fechado (PMF)*, em que a atenção do espectador fica concentrada ainda mais no personagem em prejuízo de sua visão do cenário. É utilizado com freqüência em telejornais, especialmente para marcar um ponto importante da notícia.

Quanto mais o enquadramento se aproxima do rosto do ator, mais forte o impacto emocional sobre o espectador e mais intensa será sua identificação com o personagem. Mesmo em documentários ou reportagens, a aplicação desse tipo de Plano acentua a emoção e revela a verdade daquele que fala. O detalhamento da imagem é um recurso muito significativo e poderoso no cinema e na televisão. Os planos que pertencem a essa categoria são: o Primeiro Plano ou *Close-up* (PP), o Primeiríssimo Primeiro Plano ou *Super close-up* (PPP) e o Plano de Detalhe (PD).

O *Primeiro Plano (PP)* caracteriza-se por mostrar a cabeça do ator e parte de seus ombros. O estado emocional é a principal informação, revelada pelo olhar, que fica perfeitamente visível.

Primeiro Plano

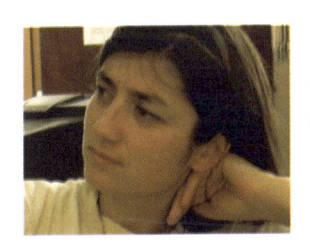

O *Primeiríssimo Primeiro Plano (PPP)* é aquele em que a tela da TV ou do cinema é completamente tomada pela face do ator. Nenhuma distração é possível, e o espectador é levado ao mundo interior do personagem.

Primeiríssimo Primeiro Plano

Para exemplificar as possibilidades do trabalho sobre o tamanho do plano ou *enquadramento,* ao se referir ao *close-up,* Aumont (1995, p. 135) fala de significados que este recorte é capaz de criar na tela: transformação do sentido de distância (sensação de intimidade), ênfase na superfície da imagem e seu volume (sensação chamada por ele de tato visual).

Plano de Detalhe

O *Plano de Detalhe (PD)* é utilizado para captar uma pequena porção de um objeto ou do corpo de um ator em cena. Informações importantes como a posição dos ponteiros de um relógio, uma arma guardada numa gaveta, uma jóia no vestido de um personagem podem ser enfatizados por meio desse enquadramento.

O ângulo da câmera em relação ao assunto que ela registra é capaz de criar interessantes efeitos na imagem. Uma câmera colocada acima do objeto que foca situa-se num ponto de vista superior, "olha" de cima para baixo, mostra o objeto menor, achatado. Cria-se um efeito de superioridade de quem vê em relação ao que é visto. Esse ângulo ressalta a fraqueza, o perigo, a modéstia daquele que é observado. Tal efeito é chamado *Câmera Alta* ou *Plongée*.

Já a *Câmera Baixa* ou *Contra-Plongée* causa um efeito contrário. O ponto de vista é inferior ao assunto e o objeto aparece maior, alongado, ameaçador. Gera uma sensação de inferioridade de quem vê em relação ao que é visto. Esse ângulo destaca a força, o poder, a superioridade do que é visto.

Câmera Alta

Câmera Baixa

Ligada à definição dos planos e dos enquadramentos está a questão do que se torna visível e do que passa a ser suposto no espaço narrativo. A porção do espaço apresentada na tela é dita *em campo*; já aquela que, no processo de seleção, permanece fora das bordas do enquadramento é chamada *fora de campo*. Tal distinção é básica, porque a partir dela será estabelecida uma série de mecanismos de criação de sentido, entre eles: as linhas de olhares dos personagens; as entradas e saídas de personagens do campo visível; a ênfase em ações que acontecem fora de campo, que não são vistas pelos espectadores, mas presenciadas pelos personagens; sons cuja origem está fora de campo, porém dentro do universo narrativo... Esse tipo de espaço pode ser mais especificamente rotulado como *espaço fora de campo*.

A nitidez da imagem contida no plano é conseguida através da combinação entre o tipo de lente de que dispõe a câmera, a quantidade de iluminação disponível no ambiente e a sensibilidade do filme a ser exposto (no caso do cinema) ou a qualidade eletrônica da captação na câmera de vídeo. Essa possibilidade técnica permite criar efeitos dramáticos.

> No caso específico da imagem eletrônica da televisão e do vídeo, há limites estritos para a utilização da profundidade de campo, uma vez que a imagem reticulada da tela da televisão faz com que, a partir de certo limite, as figuras representadas a grande distância tendam a se confundir com os sinais componentes de cor e luminosidade, o reticulado" (Paulucci, 2002).

Ao levar em consideração que um plano sempre vem precedido e sucedido de outros planos, e que a imagem no interior do plano está em movimento, alguns cuidados devem ser tomados quanto à composição interna do quadro. Para criar a tensão de um plano a outro, é necessário lidar com o espaço que não é ocupado pelo personagem em cena. O olhar de um personagem, quando dirigido à esquerda ou à direita do quadro, sugere algo que está sendo observado, por isso é importante posicionar o personagem em quadro, deixando um espaço livre para que o espectador suponha o que está sendo visto.

Espaço para a mirada do personagem

O mesmo cuidado precisa ser tomado para personagens em movimento ou para a criação de uma expectativa de movimento. O quadro vai parecer mais equilibrado e interessante se houver um pouco de espaço livre no canto do quadro para onde o personagem se move (vetor de movimento) ou está prestes a se mover.

Vetor de movimento

O movimento do plano em relação ao assunto enquadrado constitui outro elemento que ajuda a defini-lo; é exterior ao universo narrativo, sendo uma prática da linguagem audiovisual que os realizadores podem valer-se para criar significados no audiovisual. É possível obter essa movimentação a partir do deslocamento da câmera ou de jogos de lentes, no efeito óptico de aproximação ou afastamento da imagem, denominado *zoom*.

Os movimentos de câmera propriamente ditos dividem-se, *grosso modo*, em dois tipos: *travellings* e *panorâmicas*. O *travelling* é aquele movimento em que a câmera desloca-se efetivamente no espaço, passeia pelo cenário e entre os personagens.

O efeito do *travelling* é muito poderoso, pois coloca o espectador dentro do espaço narrativo. Pode ser realizado com carrinhos, trilhos, com a câmera nas mãos ou nos ombros do operador, ou montada em equipamentos conhecidos por gruas (pequenos guindastes). Enfim, o *travelling* admite qualquer tipo de variação: lateral em relação ao objeto focado pela câmera, de aproximação, de afastamento, circular, vertical (como o que mostra um personagem detalhadamente, dos pés à cabeça).

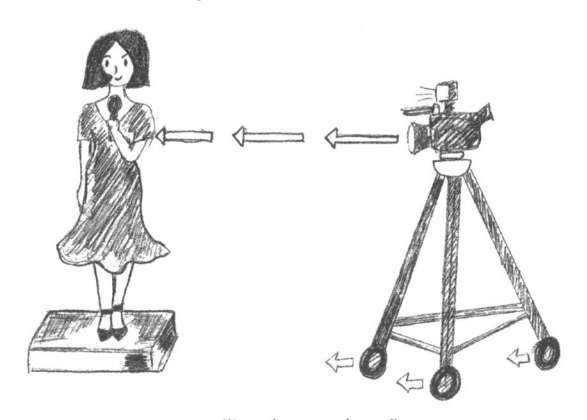

Travelling de aproximação

Travelling circular

Já a *Panorâmica* é um pouco diferente, uma vez que a câmera permanece fixa num mesmo ponto, girando em seu próprio eixo. Esse movimento assemelha-se muito ao do ser humano quando, parado, gira a cabeça de um lado a outro para avaliar o ambiente. Normalmente a Panorâmica é designada por *PAN* e pode ser tanto *horizontal* (para descrever a amplidão de um vale) como *vertical* (para representar a altura de um edifício, por exemplo).

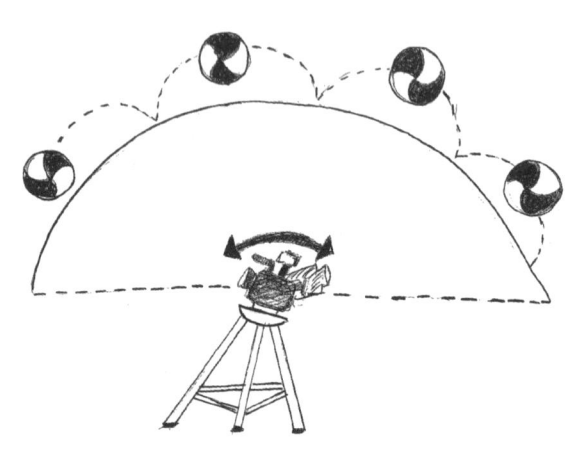

Pan horizontal acompanha o trajeto da bola
sem que a câmera se desloque com ela.

Aumont e colaboradores, reforçando o argumento de que o senso comum identifica o enquadramento com a instauração de um *ponto de vista* sobre a ação, comentam algumas interpretações dadas aos movimentos de câmera:

> [...] a panorâmica seria o equivalente do olho que gira na órbita, o *travelling*, de um deslocamento do olhar; quanto ao *zoom*, dificilmente interpretável em termos de simples posição do suposto Sujeito do olhar, às vezes tentou-se lê-lo como "focalização" da atenção de um personagem (Aumont et al., 1995, p. 43).

Esses efeitos de sentido são ligados à utilização de um *ponto de vista subjetivo* no audiovisual, à maneira de trabalhar o olhar de um personagem. Tal recurso é muito comum em cenas de perseguição, em que a câmera ocupa o lugar de um personagem, geralmente o perseguidor. Além da manifestação do olhar de um personagem, os movimentos de câmera e lentes são também utilizados como informações destinadas exclusivamente ao espectador, estabelecendo relações entre personagens, entre estes e objetos (especialmente no caso das Panorâmicas), ou mesmo indicando estados de espírito de personagens.

Da mesma forma, a *duração do plano* é um elemento indispensável para introduzir a discussão da seqüência e do trabalho de montagem e edição. Segundo Burch (1992, pp. 74-75), está condicionada a sua legibilidade, ao tipo de informação que porta e à habilidade do espectador em decifrá-la. Para Viallon (1996, p. 77), a duração de um plano é ainda indício da importância que o diretor atribui ao conteúdo veiculado. Um único plano pode conter grande quantidade de informações trabalhadas de maneira narrativa, como uma série de ações ou motivos que se sucedem; é o caso do *plano-seqüência*. Boa parte do sentido de um plano, porém, é produto do conjunto formado com os planos que o antecedem ou sucedem, de sua relação com as demais imagens (e sons) do audiovisual.

Uma série de planos unidos por relação de contigüidade, que resultem num enunciado autônomo, é chamada *seqüência*. Metz (1977, pp. 146-157) definiu categorias para as seqüências de acordo com o tipo de relações temporais existentes entre os planos em seu interior. A *seqüência paralela* é aquela em que algumas imagens alternam-se sem que haja necessariamente uma relação de causalidade ou simultaneidade entre elas; contudo, sua justaposição possui "valor simbólico". O autor cita como exemplo o agrupamento de cenas da vida de ricos e pobres, do campo e da cidade, de agitação e tranqüilidade. A ausência de temporalidade definida faz com que tais seqüências coloquem-se como instrumento para o comentário e a expressão relativamente explícita da opinião do realizador do audiovisual. Já a *seqüência cronológica* caracteriza-se por uma relação temporal perceptível entre os diversos planos que a compõem; relação esta que pode ser de *consecução* ou de *simultaneidade*.

As seqüências são, segundo o autor, consideradas narrativas quando seus planos unem-se por consecução, ou seja, uma imagem vem obrigatoriamente depois da outra, agrupadas para contar uma narrativa que se desenvolve no tempo.

Organização interna do plano e os códigos da cultura

Qualquer audiovisual que busque criar um efeito de verossimilhança acaba lançando mão de códigos que fazem parte do cotidiano, ou pelo menos que pareçam razoáveis para o espectador médio (caso se trate da representação de um mundo fantasioso ou de um contexto histórico distante). Trata-se, por exemplo, dos códigos de gestualidade, vestimenta, cordialidade social, que numa obra "realista" acabarão por definir gestos, figurinos e diálogos dos personagens. Além dos códigos sociais, as artes visuais legaram ao cinema e à televisão uma série de outros códigos que dizem respeito à criação e veiculação de imagens, como os de iluminação e cenografia. No trabalho de composição interna do plano, são empregados elementos que pertencem a códigos inespecíficos da linguagem audiovisual: a posição dos atores, a disposição dos objetos do cenário, a própria construção da cenografia, a utilização das cores, a iluminação e a tradição cultural, que faz com que haja significados simbólicos associados a imagens e cores (o vermelho para a vida e a paixão; o negro para a tristeza e o luto; o branco para a paz e a pureza etc.). Por exemplo: no filme *Drácula*, de Bram Stoker, dirigido por Coppola em 1992, há dois momentos bastante significativos do uso da cor para retratar o estado interior de uma das personagens, Mina Harker: a heroína está vestida de vermelho quando é seduzida pelo Vampiro, e de azul-celeste quando se relaciona com seu tímido noivo.

Como tais códigos fazem parte de universos culturais relativamente amplos, é tarefa difícil procurar estabelecer um rol de elementos a avaliar. Há que levar em consideração o grande número de formas de produção de imagens: dos quadrinhos, das diversas escolas de pintura, do teatro, da própria televisão e mesmo do cinema, chegando às mídias digitais. Tais referências são efetivamente utilizadas pelos produtores de audiovisuais e se transformam em tintas na paleta de um diretor de cinema ou televisão. Balogh (1985) analisa o uso de tons pastéis e da contraluz para fazer referência ao *film noir* em *Blade Runner* (Ridley Scott, 1982): há uma profusão de citações a romances e filmes de detetives (portas transparentes, capas de gabardina, ventiladores de pás), bem como o recurso dos ambientes esfumaçados e da contraluz para destacar certos personagens, concretizando visualmente os percursos narrativos de isolamento, solidão e mistério.

Aumont e Marie (1988) citam o trabalho de Murnau em *Nosferatu* (1922), aplicando a iluminação para criar molduras sobre personagens, especialmente o vampiro em seu castelo, que com isso parecia desligado da cenografia,

surgindo diretamente das trevas, num trabalho de reforço
à condição sobrenatural do personagem.

A palavra

Apesar do valor associado à imagem nos textos televisivo e cinematográfico, a palavra falada desempenha papel
primordial na concretização do sentido. Normalmente, no
caso da ficção televisiva brasileira, os diálogos são responsáveis por todo o desenvolvimento narrativo, e quase não
há ação efetiva realizada exclusivamente na imagem. Basta
lembrar que, ao menos no caso da televisão, a maior parte
dos dispositivos de comunicação com o espectador está
ligada à fala, simulando situações de diálogo que mediam
o contato entre produtor e espectador (Requena, 1995).
Mesmo no cinema, a palavra falada tem bastante peso,
organizando a percepção sonora do espectador que passa
a ler os demais sons e a música a partir dela (Aumont e
Marie, 1988).

Deve-se também observar as características da voz nes-
ses diálogos e narrações, tais como a entonação, a altura, o
volume sonoro em determinadas frases ou mesmo palavras
no interior de frases (Viallon, 1996). Essas características, que
fazem parte de códigos inespecíficos do audiovisual, estão
ligadas à produção de efeitos de sentido, uma vez que a
entonação de uma frase pode indicar ironia, o volume da
voz é capaz de traduzir o segredo, uma vez que reproduz a
emoção do falante. Por fim, a palavra falada também pode
ser analisada em termos sociolingüísticos: culto, popular ou
vulgar, que indica a origem e a formação dos personagens
no caso da ficção, e até mesmo constituir um instrumento
de identificação para os espectadores, no caso dos telejornais e programas de variedades, quando associados aos
apresentadores e comentaristas.

Há ainda a necessidade de considerar a função da palavra falada como componente de um conjunto de códigos em ação para a construção do audiovisual, a partir das relações estabelecidas com outros códigos. Aumont e Marie (1988, p. 155) categorizam os enunciados verbais em diálogos *in* ou *off* (dentro ou fora de campo), comentários extranarrativos (como a voz de um narrador), a voz interior e a voz sobre *flashback*.[2] Essa simples classificação em termos da fonte do som e sua relação com o que é visível serve para ilustrar a complexidade da utilização da fala na linguagem audiovisual.

Na ficção televisiva, são raras as ocasiões em que a palavra falada escapa do naturalismo imposto pela associação estreita entre diálogos e narrações e as imagens vistas na tela. Na telenovela, a presença de narradores é muito pequena, e mesmo a voz sobre *flashback* parece ser um recurso pouco comum (a não ser quando se trata de novelas calcadas em gêneros muito particulares, como *A Próxima Vítima*, que reproduzia o universo dos romances de detetives e, com isso, recorreu à narração quando da elucidação dos crimes pelo investigador). Fora dos domínios da telenovela, o recurso ao narrador, à voz *off* e à voz sobre *flashback* parece mais presente: no seriado *Armação Ilimitada*, a utilização de um narrador nos moldes dos radialistas de FM dava a tônica do programa, num desdobramento do enunciador-narrador, fornecendo chaves de leitura aos espectadores, fazendo citações intertextuais etc. (Ruiz-Quartas, 1990).

Nas adaptações literárias realizadas pela Rede Globo em formato de minisséries, o uso do narrador em *off* abriu espaço na televisão para a prosa de Guimarães Rosa em

---

[2] Um *flashback* é uma cena que retrata o passado da narrativa. Geralmente é usado para que o espectador possa visualizar as memórias de um personagem ou o relato de um fato passado.

Grande Sertão: Veredas, exibido em 1985, de Nelson Rodrigues em *A Vida como Ela É...*, que foi ao ar em 1996 no programa *Fantástico*, e de Eça de Queiroz em *Os Maias* (2000-2001), para citar apenas três exemplos. Nos três casos, o autor torna-se mesmo um personagem onipresente, quase palpável no texto televisivo, e a utilização do texto original na narração chancela a qualidade da adaptação efetuada, conferindo-lhe prestígio (Paulucci, 2002).

É possível observar que a palavra escrita, considerada como um elemento gráfico, possui um papel relevante na constituição do audiovisual: títulos, legendas, textos que designam a passagem de tempo, a mudança de espaço narrativo. Tal função é observada desde o cinema mudo, quando o enunciado verbal em sua forma gráfica era parte fundamental da narrativa (Garcia, 1985, p. 31). Mais recentemente no cinema, este recurso tem sido usado de forma freqüente na introdução de certas obras, como em *...E o Vento Levou* (1939), que usa o texto escrito como abertura de "episódios" no interior da narrativa. No caso da telenovela, o emprego da palavra escrita como imagem autônoma parece ser reduzido à vinheta de abertura e encerramento, em que o título do programa tem de ser evidenciado. No interior da narrativa, porém, essas ocorrências são raras, muitas vezes restritas às práticas de *merchandising*,[3] o que talvez possa ser explicado pelo fato de o espectador da televisão ser distraído, ouvindo mais do que, efetivamente, vendo televisão, tamanha a variedade de estímulos que concorrem com ela por sua atenção no ambiente doméstico. A telenovela é um gênero verborrágico em que cartas, bilhetes e outras incidências de palavra escrita na narrativa são mais comentados pelos personagens através do diálogo do que

---

[3] O *merchandising* é o nome dado à pratica de inserir a propaganda de algum produto na trama narrativa do audiovisual. Em telenovelas é muito comum: personagens usam perfume da marca *x*, comentam as vantagens do banco *y* etc.

realmente mostrados nos enquadramentos. Mesmo assim, a palavra escrita é recurso bastante usado na televisão e, se não representa um dado comum na ficção, pode ser observado com freqüência tanto em programas informativos quanto de variedades.

Música e ruído

A música é um dos componentes da parte sonora trabalhado com mais liberdade em relação às exigências da representação realista, havendo um uso considerável dela como fonte extranarrativa, endereçada exclusivamente ao espectador. Para Aumont e Marie (1988, p. 151), a música é a grande responsável, num filme, por criar o *efeito de unidade* entre os diversos fragmentos que o compõem. Apesar dessa utilização comum, os autores apontam para a necessidade de se buscar a função da música para a significação global de um filme, em que ela possa atuar como meio para narrar acontecimentos, descrever situações ou ambientes ou ainda exprimir estados de espírito. A música é ritmo (Viallon, 1996), uma marcação de intervalos de tempo que podem ou não servir de parâmetro para a sucessão dos planos de um audiovisual, como no caso mais comum do videoclipe. Possui mesmo um valor que está além tanto da melodia ou das letras quanto da utilização que se faz dela no interior de um audiovisual; ela é um produto cultural de determinada sociedade em certa época e, por isso, um instrumento poderoso para evocar e reenviar a um período histórico ou a um cenário (Viallon, 1996, p. 46).

No papel de narradora, pode ser utilizada de maneira explícita no caso dos musicais, em que diálogos são substituídos por canções, assim como na narração, a exemplo de *Amor, Sublime Amor,* de Robert Wise (1961); ou, de maneira mais sutil, surge como elemento extranarrativo e pouco a pouco assume a narração de alguns trechos da obra, como no caso do melodrama clássico e de cineastas contemporâneos que cortejam este gênero.

O filme *Matador*, de Pedro Almodóvar (1986), serve como exemplo: uma das últimas cenas do filme traz os amantes prestes a cometer duplo assassinato/suicídio, enquanto as palavras da música explicitam a promessa feita pelos personagens, numa referência à recompensa atingida na morte. Balogh (1996) também aponta essa função no caso das telenovelas, em que a música é comumente utilizada como indicativo dos estados emocionais dos personagens, pois está sistematicamente associada, ao longo da grande extensão desse formato, a alguns momentos e sentimentos. Desse modo, a simples audição de certo tema musical associado ao *close-up* de um personagem é capaz de evocar situações extremamente complexas do ponto de vista narrativo, criando sentido a partir de um enunciado bastante sintético.

Na programação da televisão a música é utilizada nas vinhetas de abertura e encerramento de programas. A fixação de um tema musical pelo uso constante faz com que momentos excepcionais da programação sejam facilmente identificados. Como a televisão é caracterizada por uma audiência flutuante e desatenta, o reconhecimento da música de determinada vinheta comumente atua para trazer o espectador diante do aparelho de TV, sugerindo até sua postura ante as imagens que está prestes a ver, através das expectativas geradas pela música.[4] Viallon (1996) afirma que, além dos programas específicos, a própria emissora de

---

[4] Um caso típico é o do tema musical que acompanha notícias de última hora; comumente, leva o espectador a voltar sua atenção à televisão e indagar-se: "O que terá acontecido?" e, mais ainda, "O que terá acontecido de ruim?", já que as transmissões normais não costumam ser interrompidas por notícias ligeiras.

televisão pode usar uma identidade musical nas vinhetas e chamadas de autopromoção.

Embora a voz, o enunciado falado, seja o elemento dominante na organização dos sons na grande maioria dos audiovisuais narrativos, a ambientação sonora feita pelo conjunto de ruídos responde por boa parte do efeito de verossimilhança, preenchendo o espaço visível de sons "naturais", como passos, vento soprando, os ruídos correspondentes aos objetos que se encontram ou se chocam, burburinhos indefiníveis causados pela presença de pessoas num ambiente próximo etc. Os ruídos, a exemplo da música, funcionam como elemento unificador do espaço narrativo, eliminando as descontinuidades entre os diversos planos. Esse efeito de realismo, porém, quase sempre é obtido artificialmente, pois a utilização do som gravado no momento da captação das imagens não é comum no cinema, e nem sempre é usado na televisão; com freqüência, há necessidade de intervenção da técnica de mixagem. Na maioria dos casos em que o som é preparado para o cinema, parte-se de um espaço sonoro vazio, do silêncio, e então a ambientação sonora é cuidadosamente construída e simplificada para direcionar a percepção do espectador (Burch, 1992, p. 119).

A edição criadora de sentidos

Durante a descrição dos códigos empregados no audiovisual para a criação de sentidos, foi mencionado de maneira constante o papel da montagem e da edição em sua organização geral e concretização. A montagem (cinema) ou a edição (vídeo) é responsável por ordenar imagens e sons de um audiovisual segundo critérios de duração e de consecução narrativa. Nessa fase, o audiovisual ganha vida e unidade.

No caso dos textos cinematográficos, dois conceitos bastante diferentes parecem agrupar as práticas de montagem: de um lado, os adeptos de uma vocação realista do cinema defendem e adotam uma montagem "transparente", a qual é pouco evidente para o espectador enquanto prática organizadora do audiovisual, pois procura não deixar muitas marcas, fluindo naturalmente diante de seus olhos, reproduzindo o efeito de uma grande janela diante da qual o espectador contemplaria um mundo paralelo. Essa montagem é adotada pelo cinema clássico, e uma das principais responsáveis pela criação do efeito de verossimilhança num texto tão manipulado e fragmentado como o cinematográfico ou televisivo. De outro lado, há aqueles que acreditam no cinema como forma expressiva autônoma, artística, e aplicam um conceito de montagem aparente, provocadora, como verdadeira forma de expressão cinematográfica (audiovisual), não se preocupando em apagá-la ou mascará-la, mas em oferecê-la como espetáculo, e com ela toda a fabricação do discurso cinematográfico, que passaria então a ter valor em si mesmo, e não como representação da realidade.

A montagem – seja aparente, seja transparente – organiza os diversos fragmentos de espaço e de tempo constituídos pelos planos isolados, em seqüências maiores ou menores, autônomas ou não, portadoras de um sentido mínimo.

Burch (1992, pp. 25-29) distingue alguns tipos de relações temporais entre dois planos que se sucedem. No primeiro deles, tais planos são perfeitamente contínuos, como no caso do plano e contraplano em diálogos (plano de quem fala *versus* plano de quem responde, numa representação visual da ação-reação), ou em seqüências em que um personagem move-se e é mostrado num cenário, sucessivamente, por diversos pontos de vista, sem que haja nenhum tipo de descontinuidade temporal. O segundo tipo de relação é aquela em que, apesar de dois planos serem tomados de uma mesma ação sob pontos de vista diferentes, e a despeito de sua aparente continuidade e contigüidade, ocorre uma *elipse* de tempo entre ambos, recurso comumente utilizado para eliminar o excedente narrativo chamado, popularmente, de "tempo morto". O terceiro tipo é aquele em que a elipse de tempo entre dois planos pressupõe a passagem de unidades de tempo muito grandes, como algumas horas, dias ou mesmo anos; é a chamada *elipse indefinida*. Por fim, é possível que haja um recuo temporal entre dois planos. Se for muito extenso, como no caso dos *flashbacks*, trata-se de um *recuo no tempo indefinido*.

O mesmo autor (Burch, 1992, pp. 29-32) também coloca que a sucessão de dois planos estabelece relações espaciais: na primeira delas, há a *continuidade espacial* simples, em que é possível observar nos dois planos fragmentos do mesmo espaço, como no caso de simples mudança de ângulo de visão. A partir da observação da técnica de plano e contraplano, em que dois personagens conversam, pode ser observado que a continuidade é dada pela *linha dos olhares*, que devem ser convergentes. Esse tipo de justaposição de planos rege até mesmo relações que podem ser estabelecidas entre aquele que vê e aquele que é visto.

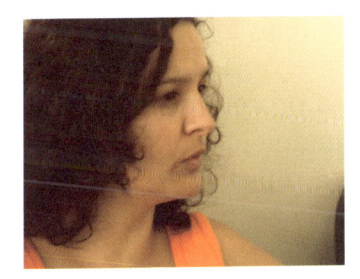 

Plano e contraplano: linha de olhar dos atores numa conversa.

Num segundo caso, a relação espacial entre dois planos pode ser estabelecida pela *continuidade de direção do movimento*: uma perseguição de automóveis, por exemplo, pressupõe que perseguidor e perseguido entrem e saiam de campo pelo mesmo lado, atravessando a tela no mesmo sentido; do contrário, a perseguição pode transformar-se em choque ou afastamento.

No caso da televisão e do vídeo, a montagem dá lugar à edição eletrônica: a possibilidade de lidar com um sinal eletrônico permite a edição das imagens televisivas durante seu processo de geração, procedimento impossível com o suporte em película utilizado pelo cinema. Como conseqüência, além da possibilidade de transmissão ao vivo de programas de auditório e eventos esportivos etc., os textos televisivos são quase todos marcados por uma edição realizada em tempo presente, em que as imagens, provenientes de diversas câmeras que cobrem um mesmo assunto, são selecionadas por um diretor na mesa de corte. Se a escolha de cada plano se fizer a partir de quatro ou cinco opções simultâneas, e não for previamente planejada mediante uma decupagem cuidadosa, como acontece no cinema, pode-se concluir que, a qualquer momento, todas as imagens têm a mesma probabilidade de entrar no ar (Machado, 1988, pp. 104-105). Observa-se, assim, que a edição em televisão está, na maioria das vezes, muito mais marcada por acaso e improvisação do que pela elaboração e reflexão sobre os resultados, embora todos os seus procedimentos (como a ordem de seleção dos planos num telejornal ou programa de auditório) sejam ensaiados e repetidos diariamente, gerando fórmulas. Tais fórmulas, não se pode deixar de reconhecer, constituem um fator-limite para experiências criativas e artísticas com a edição na televisão.

Uma parte dos programas ficcionais da televisão adotou a estética do cinema clássico, privilegiando na medida do possível o efeito de realismo, ao menos em seqüências no interior dos seus blocos componentes, quando se evita chamar a atenção em demasia para o corte. Ainda assim, a tentativa de preservar a transparência nessas unidades menores é curiosa. Para uma forma de produto audiovisual concebido para ser interrompido por comerciais e quase sempre desenvolvido em capítulos, há a necessidade de uma preparação especial para o final de cada bloco, quando não somente a interrupção, a descontinuidade são aparentes, como enfatizadas. Na ficção televisiva brasileira e em seu gênero mais representativo, a telenovela, toda a montagem é organizada em função desse momento de interrupção do sentido, conhecido mais particularmente como *gancho*. Essa postura é observada em toda a programação, pois o veículo privilegia justamente a fragmentação, a interrupção e a retomada, e marca tais lacunas com unidades textuais estranhas à narrativa (as vinhetas), fazendo do gancho seu traço estético mais distintivo (Costa, 2000).

O projeto:
a primeira etapa de produção
de um audiovisual

Elaborar um vídeo, um audiovisual, seja ele um programa de televisão, um documentário, uma reportagem, seja um produto ficcional, independentemente de suas condições de exibição – numa rede de televisão, numa sala de exibição em uma escola, ou num salão paroquial –, exige pensamento, planejamento, antecipação.

A criação de um produto audiovisual é antecedida, necessariamente, por um projeto específico. O primeiro passo é determinar o *tema* da produção, seu assunto. Por exemplo, pode-se realizar um vídeo cujo tema seja analfabetismo, outro sobre comunidades quilombolas, um terceiro sobre as dificuldades de um jovem casal urbano. O segundo passo é determinar o *público-alvo* e investigar suas carências: o vídeo sobre alfabetização pode ser dirigido em primeiro lugar a um público formado por pessoas com um interesse em comum: atuar como professores alfabetizadores. O vídeo sobre as comunidades quilombolas pode ser direcionado a pesquisadores e estudantes de antropologia e sociologia, além do público em geral, que talvez tenha interesse por essas comunidades de afro-descendentes. O vídeo sobre o casal pode ter como foco jovens entre 20 e 35 anos, que buscam diversão no retrato de problemas de sua geração. Conhecer bem o público-alvo significa saber do que ele gosta, do que precisa, quais os padrões de seu consumo de cultura, bens materiais etc. É muito diferente realizar um

[1] BANDEIRA, Manuel. *Antologia poética*. 8. ed. Rio de Janeiro, José Olympio, 1976. p. 96.

vídeo sobre ecologia para crianças em idade pré-escolar ou para homens adultos das camadas mais favorecidas da população. Conhecer o público-alvo é um elemento fundamental para o sucesso de qualquer produção.

O próximo parâmetro para construir o projeto de um audiovisual é a determinação de *objetivos* que o vídeo tem de cumprir. Estes estão intimamente ligados às características do público-alvo e são descritos, de modo simplificado, como aquilo que o público deve saber ou sentir após a exibição do vídeo. No exemplo do vídeo sobre alfabetização, seus objetivos podem ser: apresentar o processo de aquisição da base alfabética da língua portuguesa; demonstrar as etapas dessa aquisição pela documentação de alfabetizandos em processo de aprendizado; humanizar o relato mediante a inserção desse processo no contexto social e pessoal dos alfabetizandos. É importante notar que, nesse exemplo, há objetivos ligados a informações que o público-alvo deve absorver, mas também existe a preocupação em criar um estado emocional no público capaz de influenciar o modo pelo qual essas informações serão absorvidas. Tal equilíbrio é imprescindível, especialmente no caso do vídeo, que comunica até mesmo pela emoção que pode propiciar no espectador.

Nenhum projeto conduz a um vídeo bem-sucedido se não incluir uma bem-feita *pesquisa do conteúdo*. Trata-se de aprofundar o tema escolhido, apropriar-se dele, buscar conhecer todos os ângulos do assunto. Essa pesquisa pode ser feita de duas maneiras mais comuns: uma "pesquisa de biblioteca", que conte com livros teóricos, periódicos, dicionários, romances, crônicas, filmes, reportagens, programas de TV; e uma "pesquisa de campo", realizada por meio de entrevistas, conversas com pessoas, visitas a comunidades, museus, em que se investiga diretamente a realidade que se quer documentar ou "ficcionalizar". Muitas vezes a pesquisa de campo é realizada com a câmera de vídeo, e esses registros passam a fazer parte do produto final (procedimento bastante comum em documentários e reportagens investigativas). A pesquisa dá ao realizador elementos que guiam sua criação e fazem florescer idéias, além de permitir-lhe escolher qual o viés usado para contar sua história (seja seu produto final um documentário, seja uma ficção). Assim, no exemplo do vídeo sobre o casal e seus problemas, a "pesquisa de biblioteca" pode incluir a leitura de revistas femininas e masculinas (como as publicações abordam os mesmos conflitos para homens e mulheres?), de livros sobre psicologia, de dados estatísticos sobre a organização dos lares brasileiros, a presença da mulher no mercado de trabalho, entre outras. Além disso, pode (e deve) abranger a leitura de crônicas, romances, a apreciação de filmes, de novelas de TV, que são, da mesma forma, reflexões sobre a realidade pesquisada. A "pesquisa de campo" consiste ainda na observação da realidade, em prestar atenção às conversas das pessoas nos ônibus, nas filas de banco, na entrada do cinema, em notar homens e mulheres casados e solteiros, acompanhados e sozinhos, em situações de trabalho, lazer etc. E, ainda, entrevistas com essas pessoas, para que o realizador possa conhecer várias histórias de vida, opiniões sobre o amor, o casamento, a maternidade, a fidelidade.

De posse das informações anteriores, cabe ao realizador determinar o *formato*, o gênero de sua produção. Ficção ou documentário? Que tipo de ficção? Qual a extensão do documentário? Cabe agora voltar ao público-alvo e lembrar do que ele gosta, quais são seus hábitos culturais, que tipo de programa o agradaria mais, qual o formato mais adequado para que ele possa fruir o vídeo, atingindo os objetivos também propostos no projeto. A seleção de um gênero ou formato para essa produção, bem como sua duração, tom, ritmo etc., faz parte da definição das estratégias de comunicação para atrair o público-alvo e mantê-lo interessado no produto. Um bom formato para o vídeo sobre o jovem casal é o *sitcom* ou comédia de situação; tipicamente norte-americano, trata-se de episódios de cerca de 30 minutos de duração, em geral exibidos semanalmente, em que um pequeno núcleo de personagens restrito a poucos cenários interage em torno de conflitos bem marcados, que se repetem semana a semana, admitindo pequenas variações.

Como fazer o público-alvo assistir à produção? O realizador tem de planejar a *veiculação* de seu vídeo. Para os profissionais que trabalham em emissoras de televisão, esse não é um grande problema, uma vez que não raro os projetos são determinados pela própria emissora, portanto, com um espaço (*a priori*) garantido na programação. No caso de produtores independentes, é preciso pensar em outras possibilidades para que o vídeo encontre seu público: material produzido para audiências muito específicas, como pessoas que querem se tornar alfabetizadoras ou estudantes de sociologia (caso dos exemplos anteriores), acaba encontrando canais de veiculação em associações sindicais, ONGs, salas de aula de universidade, salões paroquiais. Outros meios de divulgação e de veiculação são os concursos e festivais de vídeo e cinema, destinados a profissionais e amadores, que cada vez mais servem como primeira vitrina para esse tipo de produção. Redes de TV educativas e televisões comunitárias são outra possibilidade. Há, ainda, uma nova e cada vez mais popular forma de veiculação: a internet. Um vídeo digitalizado e comprimido na medida certa pode estar acessível a milhões de internautas, que provavelmente usarão ferramentas de busca para encontrar o material de interesse.

Por fim, é sempre necessário avaliar a produção. Os objetivos foram alcançados? O vídeo tem qualidade? Ele informa, diverte, emociona, ensina? A *avaliação* é a ferramenta do realizador para aperfeiçoar o próprio trabalho. Em produções com finalidades educativas, ela é fundamental para verificar a capacidade de ensinar ou, mesmo, de despertar o interesse do público-alvo para o aprendizado de certo assunto. Como avaliar um vídeo? Há várias maneiras: uma delas é propor exibições controladas, em que o realizador possa acompanhar as reações do público durante o desenrolar do vídeo e, a partir dessa observação, avaliar seu poder de impacto. Normalmente essas exibições são seguidas de conversas com o público, em que se procura a opinião verdadeira, a crítica construtiva, a sugestão. Outra ferramenta de avaliação é o questionário pré e pós-exibição: no caso de um vídeo cujo objetivo mais importante seja informar algo, pode-se criar um questionário destinado a medir o conhecimento do público sobre o tema antes da exibição e depois, após o vídeo, aplicar novamente esse questionário. Da comparação entre ambos os questionários respondidos, pode-se estimar o quanto o vídeo foi capaz de informar e se cumpriu os objetivos.

O *projeto* constitui um documento que vai reunir uma série de informações para orientar toda a equipe de produção em todas as etapas posteriores. Em resumo, esse projeto pode ser considerado a carta de intenções relativas a:

- tema;
- público-alvo;
- objetivos;
- pesquisa do conteúdo;
- escolha do formato;
- veiculação ou divulgação;
- avaliação.

Produção

Realizado o projeto, sucedem-se as etapas mais práticas da realização do vídeo, quais sejam: *pré-produção*, *produção* e *pós-produção*.

A *pré-produção* compreende todas as tarefas que devem ser realizadas antes da gravação das cenas, depoimentos, entrevistas, músicas e outros elementos que farão parte do vídeo. Normalmente é um trabalho longo, cheio de detalhes, fundamental para o sucesso do vídeo, pois permite antecipar quaisquer situações que aconteçam ao longo da produção, e distribuir responsabilidades entre os diversos membros da equipe.

Produzir um vídeo é um trabalho longo, realizado em equipe, em que cada um tem obrigações e funções que pedem eficiência, de modo a não comprometer o trabalho de um colega que atua em paralelo. Há várias etapas a cumprir-se nessa atividade, que começa bem antes das gravações ou dos testes com os atores ou apresentadores. Como exemplo, a produção dos figurinos depende da definição anterior de um diretor de arte sobre o tipo de roupa que cada personagem ou apresentador precisará usar. Desse mesmo diretor de arte parte a decisão quanto ao tipo de cenário utilizado no programa. Cenário e figurinos são feitos por equipes diferentes, mas ambas têm de ser orientadas para que as cores do cenário não interfiram nas cores das roupas usadas pelos apresentadores. Um produtor, encarregado de pesquisar objetos e móveis para a composição do cenário, também necessita conhecer o projeto do diretor de arte. Assim, pode-se perceber a conveniência de um bom planejamento, ou, mais especificamente, de um cuidadoso trabalho de pré-produção.

Com o *projeto* em mãos, começa o trabalho de criação do *roteiro*, considerado por Doc Comparato (2000) como "a forma escrita de qualquer produto audiovisual". A partir do roteiro, ou paralelamente à sua escrita (caso o projeto seja suficientemente detalhado), outras etapas da pré-produção podem ser iniciadas: a *formação da equipe*, o *planejamento da produção*, que inclui um levantamento de produção e a elaboração de cronogramas de gravação, e, por fim, um *planejamento de pós-produção*. De posse de todas essas informações, é realizado o *orçamento*. Se o custo presumido da produção for maior que o dinheiro disponível para realizá-la, convém refazer as etapas anteriores e redimensionar a equipe, cortar itens no levantamento de produção e economizar na pós-produção.

Passos para a escrita do roteiro

O *roteiro* de um vídeo, de um filme ou de uma telenovela é um texto que procura corresponder fielmente àquilo que se pretende produzir, sendo bastante peculiar e específico, uma vez que constitui uma etapa na construção do produto audiovisual. Trata-se de um texto que tem como leitor final uma equipe de produção, e não o público. Além de uma ferramenta de trabalho, o roteiro consiste num laço entre toda a equipe, pois todos têm acesso às informações que contém: descrição das imagens a serem criadas, dos cenários, os diálogos dos personagens ou as falas dos apresentadores, o contexto dramático de cada frase, de cada gesto, entre outros. A partir do roteiro cada profissional envolvido encontra parâmetros para a efetivação das próximas etapas de trabalho: pesquisa de locações, criação de cenários em estúdio, composição dos personagens e ensaio com os atores etc.

Atualmente o acesso a roteiros de filmes em longa-metragem é relativamente simples, pois sua publicação tornou-se comum. Também é possível encontrá-los disponíveis na rede mundial de computadores, em *sites* sobre cinema ou mesmo naqueles específicos sobre roteiro e roteiristas. Assim, torna-se fácil familiarizar-se com esse tipo específico de escrita mesmo não fazendo parte de nenhuma equipe de produção. Com base na leitura de vários roteiros, pode-se aprender um pouco sobre suas peculiaridades: modo de apresentação dos diálogos, divisão da ação em cenas etc.

Há ainda um número bastante expressivo de obras publicadas sobre o processo de escrita de um roteiro para cinema e teledramaturgia (novelas, minisséries de televisão). Autores como os brasileiros Doc Comparato (2000) e Renata Pallottini (1998) escrevem sobre a criação de roteiros e de personagens. Um grande número de autores estrangeiros pode ser encontrado nas livrarias, entre eles Syd Field (1995) e Howard & Mabley (1996). Embora cada um desses autores tenha sua própria experiência para relatar (via de regra, são roteiristas bem-sucedidos) um método particular de trabalho e siga determinado processo criativo, não são difíceis elementos comuns entre todos eles.

Em primeiro lugar, fica claro que escrever um roteiro, aprender a contar uma história para uma produção audiovisual, é um processo. Como processo, está em permanente construção e segue várias etapas, que serão descritas adiante. Além disso, todos esses autores explicam que escrever um roteiro exige planejamento e conhecimento prévio da história a ser contada: seu começo, meio e final. Outrossim, é unânime entre eles a certeza de que um roteiro nunca está pronto em sua primeira versão: reescrever, reler, repensar fazem parte desse processo.

Em geral, esses autores tratam o processo de escrita por etapas. De forma resumida e buscando uma síntese entre eles, pode-se dizer que essas etapas são:

- nascimento da idéia;
- *story line*;
- sinopse;
- estrutura ou *escaletta*;
- roteiro literário (e seus vários tratamentos);
- roteiro técnico: decupagem e *storyboard*.

A idéia

A *idéia* é o ponto fundamental. Onde encontrá-la? Interesses pessoais, histórias vividas, romances e reportagens lidas, um fato curioso que se observa no trajeto para o trabalho, uma encomenda, uma necessidade, o tema de um concurso. Inúmeras são as fontes de idéia para um roteiro. No caso da metodologia de trabalho apresentada aqui, o projeto é, em si, uma fonte inestimável de idéias.

Há casos em que a idéia chega pronta ao roteirista, sob a forma de uma encomenda: a adaptação de um conto, por exemplo, ou a dramatização de fatos históricos.

Para além do contexto de audiovisual ficcional, como no caso de documentários e principalmente de reportagens, talvez seja mais adequado pensar em termos de pauta, e não obrigatoriamente de idéia. Em termos jornalísticos, as imposições conjunturais têm grande influência sobre a definição de qual será o tema ou a idéia principal de uma reportagem: os fatos do dia, as questões econômicas. Acontecimentos de interesse social tendem a dominar as reuniões de pauta das equipes de TV. Dessas reuniões saem as reportagens que serão realizadas no dia.

Story line

Chama-se *story line* o primeiro desenvolvimento da idéia para o roteiro, em que se procura condensar o conflito central da história a ser desenvolvida. Sem um bom conflito, sem uma boa oposição, raramente há uma boa história. Nem sempre o conflito precisa ser entre bem e mal; existem outros mais sutis, como aqueles entre aparência e essência, família e trabalho, razão e sensibilidade etc. *Story line* é a etapa de trabalho a qual permite deixar claro o problema central que se deseja discutir e a situação que envolve esse problema. Normalmente é um período curto, com cerca de cinco linhas. Doc Comparato (2000) oferece o seguinte exemplo: "Era uma vez um príncipe cujo pai, o rei, fora assassinado pelo seu próprio irmão com o objetivo de usurpar-lhe o trono. Esse crime conduziu o jovem a uma crise existencial que desembocou numa onda de mortes, incluindo a sua". Por meio dessa *story line*, pode-se reconhecer a obra *Hamlet*, de Shakespeare. Um outro exemplo, dessa vez extraído de *Romeu e Julieta*, é: "Dois jovens pertencentes a famílias rivais se apaixonam. Na impossibilidade de viver esse amor, acabam morrendo". Escrever esse primeiro enunciado como passo inicial do processo de roteirização de uma história é uma medida básica para criar parâmetros para o "caos criativo", para domar a turbilhão de idéias, personagens, diálogos e imagens que povoam a mente do roteirista, mantendo-o atento ao conflito essencial que deve conduzir todo o trabalho posterior de escrita. Sem isso, ele corre o risco de escrever a esmo, criando novos personagens desnecessários, elaborando diálogos que afastem os personagens principais do conflito central, perdendo tempo com tramas paralelas que desviam a atenção do espectador do fundamental.

Sinopse ou argumento

Se a *story line* significa circunscrever o conflito a seus elementos indispensáveis, a etapa seguinte, a redação da *sinopse* (também conhecida por *argumento*), é a de desenvolvimento, de expansão da idéia original segundo alguns parâmetros. A sinopse é um texto narrativo que se assemelha a um conto ou uma crônica, em que serão desenvolvidos as personagens, as tramas principais e as tramas paralelas, as situações iniciais, os pontos em que o conflito se acentua e o final. Enfim, trata-se de um texto onde será relatado, de forma resumida, todo o meandro da história, ainda sem os diálogos ou indicações técnicas e mesmo sem uma divisão entre todas as cenas.

A sinopse, apesar de ser desenvolvida como uma narrativa, não é um texto literário e, independentemente do estilo, tem de ser eficiente para o roteirista. É importante que uma boa sinopse contenha informações sobre a *temporalidade* da narrativa: em que época se passa a história? Em quanto tempo (dias, meses, anos) ela se desenrola? Da mesma forma, precisa informar detalhadamente a *localização espacial* dessa narrativa: A história se passa num grande centro urbano, como São Paulo? Numa comunidade rural do interior da Bahia? Numa escola? Em que tipo de escola? Como é o prédio? Tem pátios amplos para as crianças brincarem? Só há o laboratório de informática como espaço de lazer? Existe uma árvore?

Temporalidade e localização espacial são fundamentais para o desenvolvimento da sinopse. Tais elementos podem alterar a maneira como os personagens vão viver o conflito desenhado na *story line*, além de influenciar grandemente a composição dos personagens. Assim, se o roteirista optasse por transportar a trama de *Romeu e Julieta* da Verona do século XVI para a São Paulo do século XIX, muita coisa mudaria na trama: seriam as famílias rivais as melhores representantes de uma oposição intransponível? Ou poderia se explorar a oposição entre fazendeiros e colonos imigrantes? As armas brancas, os duelos de espada, com certeza deveriam ser substituídas por outro tipo de conflito armado. Julieta, embora fosse filha obediente, certamente teria outro tipo de informações e sofreria outras influências que alterariam seu comportamento e fariam dela uma heroína um pouco diferente. Seria mais conveniente manter Julieta com quatorze anos ou retratá-la um pouco mais velha? E se, em vez de situar a ação em São Paulo do século XIX, ela acontecesse no sul dos Estados Unidos, na década de 1950? Caberia desenvolver um conflito em que Romeu fosse branco e Julieta negra, ou vice-versa. Todas essas pequenas alterações de tempo e local mudam vocabulário, padrões morais, costumes e ritos sociais, relações de poder, expressões de afeto e carinho, bem como de ódio. Hoje, Romeu e Julieta provavelmente não fariam uso da ama para mandar mensagens um ao outro, mas se comunicariam por *e-mail* ou enviariam "torpedos" no celular...

Após delimitar temporalidade e localização espacial, cabe elaborar o perfil de cada um dos personagens. Os personagens principais ganham destaque na sinopse, já os secundários podem ser delineados em poucas palavras. Em todo caso, é fundamental descrever cada personagem em termos de aparência física, características psicológicas, qualidades e defeitos, hábitos, modo de falar, formação cultural, religião, tipo de trabalho, círculo de amigos, posição social, poder aquisitivo, gosto para roupas, entre outros. A lista de itens pode ser tão extensa quanto o fôlego do roteirista, sendo que alguns chegam mesmo a escrever a biografia de seus personagens. Quanto mais detalhado o perfil de um personagem, mais conhecido do escritor ele será; e a cada obstáculo que o roteirista colocar diante dele, o personagem "reagirá" de acordo com seu perfil. O personagem principal tem de estar envolvido no conflito da história e ter um objetivo que o impulsione adiante na narrativa. Romeu e Julieta, independentemente da época em que se situam, têm como objetivo básico viver o grande amor que sentem um pelo outro; e, de acordo com a personalidade e os meios de que dispõem, farão de tudo para superar as dificuldades.

Por fim, a sinopse também deve conter o percurso da ação: como os fatos se encadeiam; como os personagens rumam em direção ao confronto; como o conflito aparece; como os personagens reagem a ele; quais ações são realizadas para que o confronto seja vencido ou superado; como ele é solucionado; como termina a história. Trata-se aqui, mais especificamente, de contar a história, do começo ao fim. O final é um dos componentes mais importantes da sinopse. É essencial saber como a história termina, pois isso permitirá levar os personagens até lá. Nada é mais angustiante para um roteirista do que não conhecer o destino de seus personagens.

Não há uma forma nem uma extensão-padrão para a sinopse, uma vez que seu desenvolvimento está relacionado à extensão do roteiro final, à duração do audiovisual. Curtas-metragens podem ter sinopses de meia página, um filme de longa-metragem, uma sinopse de duas a cinco páginas, e uma telenovela, bem mais de quinze páginas. Parece simples deduzir que boa parte da pesquisa realizada na fase de elaboração do projeto será empregada na construção da sinopse.

Estrutura

O trabalho passa a ser mais específico na criação da *estrutura* (ou *escaletta*). Nessa etapa da escrita, o roteirista procura na sinopse os fatos principais da história e os distribui em forma de cenas, de acordo com certa duração que será o tempo total do filme, curta-metragem ou programa de TV. Essa distribuição tem em vista tornar interessante a história, segundo alguns passos: apresentar o drama, despertar o interesse, manter o interesse e aumentá-lo. Alguns autores, como Field (1995), costumam dividir o roteiro (e conseqüentemente a estrutura) em três atos. De maneira resumida, pode-se dizer que o *primeiro ato* contém aproximadamente 1/4 do roteiro, e apresenta os personagens principais, qual a situação inicial e qual a tensão principal. O assunto da história tem de ficar claro até o final deste ato. O *segundo ato* contém 1/2 do roteiro e coloca o personagem principal em ação, aumenta a tensão e o grau de envolvimento com o espectador. Os obstáculos aparecem cada vez mais difíceis. Em resumo, o segundo ato é a jornada do personagem principal superando seus obstáculos para resolver a tensão principal da história. O *terceiro ato* amarra a trama e leva a um final satisfatório. Aí ocorre a batalha derradeira contra o vilão, levando à vitória ou à derrota. Todos os conflitos são resolvidos e põe-se um ponto final na narrativa.

Assim, supondo que o vídeo tenha 12 minutos no total, os 3 primeiros minutos apresentam os personagens e o conflito, nos 6 minutos seguintes o personagem precisa reagir ao conflito e lutar para superá-lo, e, nos 3 minutos finais, coloca-se a resolução, com o personagem solucionando o conflito.

Na estrutura, as cenas são esboçadas brevemente, ainda sem diálogos e sem descrições detalhadas de ambientes. Um exemplo de estrutura do primeiro ato pode ser fornecido por Doc Comparato (2000):

Cena 1: Exterior do Rio de Janeiro/Localização da história.

Cena 2: Centro da cidade, o carteiro entrega algumas cartas e uns embrulhos.

Cena 3: Um escritório. O editor fala ao telefone. Recebe um embrulho trazido pelo carteiro. Lê o manuscrito que veio dentro do embrulho. Lê uma parte do manuscrito de Pedro.

Cena 4: Uma parte do livro em quatro *flashbacks*; a infância de Pedro, quando maltratava os animais.

Cena 5: Exteriores da prisão. O editor vai à prisão encontrar-se com Pedro.

Cena 6: Interior da prisão. O editor fala com o psiquiatra.

Cena 7: Consultório do psiquiatra. O editor fala e fica sabendo que Pedro se encontra em tratamento. O psiquiatra diz que ele é tranqüilo e introvertido.

Cena 8: O pai de Pedro recebe um embrulho igual ao do editor.

Cena 9: O editor e o psiquiatra despedem-se, quando soa o alarme geral na prisão.

Cena 10: Luta no refeitório da prisão. Pedro, que fora descrito como tranqüilo, está furioso (Comparato, 2000, p. 215).

Depois de montada a estrutura, é possível inferir o ritmo do produto final e verificar se o interesse da platéia está sendo despertado e mantido num contínuo de tensão: há muitas cenas de ação? Existem cenas desnecessárias? O personagem principal demora muito a aparecer? O conflito surge depressa demais? Há excesso de cenas de diálogos em que nenhum fato novo é mencionado ou revelado?

O roteiro literário

Após ter realizado a estrutura, procede-se à escrita do *roteiro* propriamente dito, desenvolvendo-se cena a cena, conforme previsto na estrutura, nas descrições, nos diálogos etc. A cena é a menor parte componente de um roteiro que possui unidade dramática (começo–meio–fim); constitui uma ação dramática que acontece num determinado espaço, envolvendo certo número de personagens. Cada ação dramática ocorre num lapso de tempo (longo, curto) e tem um desenvolvimento (lento, rápido). O tempo de cada cena vai ajudar a definir o tempo dramático total do roteiro, e conseqüentemente o ritmo do audiovisual.

Boa parte do tempo dramático é em virtude da escritura dos diálogos, que servem para revelar informações, sentimentos, caracterizar os personagens (origem, classe social, profissão, tribo, características psicológicas), fazer avançar a história e definir o *plot*.

Chama-se *roteiro literário* aquele que se limita a contar a história de acordo com as características básicas de um texto dramático, através da ação e das conversas entre os personagens. Nele, as cenas são demarcadas por um cabeçalho específico que delimita a localização, o tempo e o ambiente onde se desenrolará a cena. Logo em seguida há a descrição do ambiente e das ações dos personagens e, por fim, os diálogos acompanhados das rubricas para os atores. O exemplo a seguir mostra como é a apresentação de uma cena num roteiro literário:

Maria Barbi
by Gisele Paulucci

FADE IN:
CENA 1: EXT./NORTE DA ITÁLIA/TRIGAL – DIA (1937)

Uma grande família trabalha num trigal. Um homem de ar severo (Dino Barbi) conduz dois cavalos que puxam o arado. Ele trabalha num pequeno lote. Ao lado desse lote há um grande trigal dourado pela primavera. Duas moças de aproximadamente 15 anos trabalham com pe-

---

quenas enxadas carpindo ervas daninhas muito próximas das raízes do trigo (Maria e Irma Barbi). Adiante delas, dois rapazes, entre 17 e 19 anos, usam enxadas maiores para o capim (os irmãos Gino e Orlando). Atrás das duas moças, dois meninos puxam um cavalo que arrasta uma cesta (Nunzio e Quinto). Nesta cesta, os meninos recolhem folhas secas e pequenos gravetos. Irma pára o trabalho e olha para as próprias mãos.

IRMA

Olhe só, Maria! Me cortei novamente! Que bela senhorina eu vou ser no baile de hoje à noite... com as mãos cortadas e cheias de bolhas.

(Maria solta a enxada e examina as mãos da prima.)

MARIA

É mais um arranhão, Irma. Amanhã já terá sumido.

IRMA (choraminga.)

Mas o baile é hoje!

(Maria faz um carinho nas mãos de Irma.)

MARIA (sorrindo.)

Então, elas vão estar bonitas na missa. E eu aposto que os nossos pares vão ter as mãos piores que as suas...

(Gino e Orlando param o que estão fazendo, a fim de olhar as duas moças, e vêem que a distância entre as duas duplas já é muito grande.)

GINO

Olha só isso, Orlando. As mocinhas estão fazendo corpo mole!

ORLANDO (com um riso provocador nos lábios.)

O que foi, Maria? Sonhando com algum príncipe leiteiro?

MARIA

Não se intrometa, Orlando! Cuide você do seu trabalho, que nós cuidamos do nosso...

(Os dois garotos menores aproximam-se.)

QUINTO

Elas estavam falando do baile de hoje, Orlando!

(Nunzio, de 7 anos, dá risadinhas. Maria se volta para Quinto, entre chateada e divertida.)

MARIA

Quinto, seu delator!

GINO

Acho bom nossas donzelas não sonharem muito. Nós estaremos vigiando!

IRMA

Já sei! Vocês vão estar vigiando porque ninguém nunca quer dançar com vocês.

(O pai de Maria, Dino, larga do arado e vai se aproximando lentamente do grupo de jovens.)

QUINTO

Eu, como sou muito mais bonito que o Gino e não tenho os pés grandes do Orlando, com certeza teria todas as danças tomadas.

(Dino pára atrás do grupo.)

DINO

É mesmo muita sorte dos seus primos você não ter idade para bailes, não é, Quinto?

CUT TO:
CENA 2: Int./casa de Maria/pôr-do-sol

A casa de Maria é um grande sobrado de três andares, escuro e de aparência muito antiga. Toda a família está sentada à mesa, jantando em silêncio. Na cabeceira está Dino, na outra extremidade da mesa está seu pai, o nono Pietro, com um livro de histórias pousado nos joelhos. À direita de Dino está Adalgisa, sua esposa, e o lugar à esquerda está vago. Na mesa estão ainda: Maria, Quinto, Nunzio (filhos de Dino) e Orlando, Gino e Irma com sua mãe, Luzia.

DINO

Amanhã, depois da missa, quero consertar aquele mourão caído, na cerca lá perto das parreiras.

ORLANDO

Foram as vacas do vizinho, tio. Aquele Michelle Besutti não tem mesmo a menor consideração...

DINO (amargurado.)

Aquele homem não baixa os olhos pra nós, Orlando.

Como pôde ser observado, o roteiro literário apresenta uma diagramação específica para deixar bem clara a diferença entre ação, diálogos e denominação dos personagens. Tal diagramação serve à uniformização da apresentação de roteiros, assegurando sua legibilidade e compreensão por todos os profissionais envolvidos na produção. Ela também é importante para aqueles que pretendem submeter roteiros a concursos nacionais e internacionais, ou para aprovação de financiamento de produção através das leis de incentivo à produção audiovisual. Para encontrar mais detalhes sobre essa diagramação, vale a pena pesquisar a bibliografia sobre roteiro. Moss (2002) é um dos autores a compartilhar essa técnica com os leitores.

O roteiro técnico e o storyboard

Chama-se *roteiro técnico* um segundo passo de elaboração, no qual a preocupação é com o encontro entre a linguagem audiovisual e o texto do roteirista. Nele se descreve como serão as imagens que o público verá, que sons ele ouvirá. Trata-se de um material extremamente detalhado e técnico, realizado geralmente com base no roteiro literário. Seu objetivo é transmitir à equipe técnica a visão do diretor sobre cada uma das cenas, cada um dos planos a serem realizados durante as gravações ou filmagens. Inicia-se a criação do roteiro técnico pela *decupagem* de cada uma das cenas, ou seja, sua divisão em planos. Cada cena recebe um cabeçalho idêntico ao do roteiro literário. A partir daí, cada plano é descrito em termos do que pode ser visto e ouvido na tela. Quase sempre esse trabalho é apresentado em forma de tabela, conforme modelo a seguir:

Número da cena
Descrição da cena: interna/externa – local – dia/noite
Descrição sumária da ação

Vídeo	Áudio
• Indicações de câmera: número do plano, enquadramento, movimentação, uso de lentes especiais. • Definição sumária da ação no plano: conduta do personagem, aparência etc. • Indicação de transição para a próxima tomada.	• Indicações musicais: título ou tipo da música, indicação de volume (1º plano, 2º plano ou como "fundo"). • Indicações de sonoplastia: tipo de efeito sonoro, som ambiente, indicação de volume (1º plano, 2º plano ou "fundo"), efeitos (distorção, eco, aceleração etc.). • Nome dos personagens e/ou locutores, atitude durante a fala. • Textos dos diálogos e locuções

Cada cena, considerada um todo dramático, será composta de vários planos, com diversas imagens que vão formar esse todo em termos audiovisuais. Assim, no modelo de roteiro técnico apresentado anteriormente, cada cena deverá ter muitos planos, e cada plano tem de ser descrito numa nova célula da tabela. Esse tipo de roteiro é muito realizado para trabalhos breves, como curtas-metragens, comerciais de TV e vinhetas. Por ser extremamente trabalhoso, não é costume realizá-lo em um longa-metragem. Nesse caso, o diretor normalmente faz o roteiro técnico das cenas a gravar ou filmar, dia a dia, de acordo com o cronograma de gravações estabelecido. Cenas mais complexas, envolvendo muita ação ou muitos personagens, freqüentemente exigem esse recurso. Em cenas mais simples, como diálogos entre dois personagens, pode-se dispensá-lo.

Observe-se o exemplo a seguir, inspirado num comercial de televisão de 1998, que anunciava um novo biscoito recheado.

Roteiro técnico para gravação

Cena 1 – interior – quarto de Vânia e Marcelo – início da noite

Apartamento de classe média. Quarto de casal decorado em tons de bege e marrom; a decoração é elegante, mas sem vida. O guarda-roupa está com as portas da esquerda abertas. Uma cômoda tem muitos objetos sobre ela, e as gavetas estão parcialmente abertas; há alguns itens caindo para fora das gavetas. Uma pequena bagunça em andamento. Há quadros abstratos nas paredes e nenhuma fotografia. Um moderno aparelho de som pode ser visto num nicho perto da cama. Vânia está arrumando uma mala apoiada sobre a cama.

Vídeo	Áudio
1 – PLANO MÉDIO Vânia arruma a mala e, com o som da entrada de Marcelo, vira-se, olha para a porta e continua a mexer na mala.	TÉC.: O ruído da rua entra pela janela (BG) e permanece durante toda a cena. TÉC.: Som de porta abrindo e sendo batida. MARCELO: Cantarola. Pára logo depois que a porta se fecha. TÉC.: Som ambiente até o final da cena.

2 – PLANO DE DETALHE As mãos de Vânia dobram e alisam meticulosamente uma peça de roupa.	
3 – PLANO MÉDIO Marcelo, espantado, olha para baixo. Depois, olha em direção ao rosto de Vânia. CÂM. MEIO PERFIL.	MARCELO: "Vânia? O que é isso?"
4 – PLANO DE DETALHE Mãos de Vânia.	VÂNIA: "Não está vendo?"
5 – PLANO MÉDIO Vânia com as mãos na mala. Em seguida pára e encara Marcelo.	VÂNIA: "Eu te esperei pra gente conversar".
6 – *CLOSE-UP* Vânia de frente, não encarando a câmera, ligeiramente de lado na direção de Marcelo.	VÂNIA: "Eu estou deixando você!".
7 – PLANO MÉDIO Marcelo em meio perfil. Ele se agita um pouco e se abraça à maleta de trabalho que trazia consigo.	MARCELO: "O quê? Acho que eu não entendi!".
8 – PLANO MÉDIO Vânia em meio perfil. Ela respira fundo e olha para ele.	VÂNIA: "Eu vou embora... nós não vamos mais viver juntos".
9 – PLANO GERAL Falando, Marcelo se senta na beira da cama, agitado.	MARCELO: "Por quê? Você não pode estar falando sério".
10 – PLANO AMERICANO INDO PARA PLANO MÉDIO Costas de Marcelo, Vânia de frente, ocupando o plano principal. Obs.: Jogo de plano e contraplano.	VÂNIA: "Marcelo... por favor! Eu quero pensar um pouco em mim... na minha vida".

11 – PLANO MÉDIO Costas de Vânia e corpo de Marcelo. Obs.: Jogo de plano e contraplano.	MARCELO: "É outra pessoa? Quem? Vamos! Fale!".
12 – PLANO MÉDIO Costas de Marcelo e corpo de Vânia. Obs.: Jogo de plano e contraplano.	VÂNIA: "Não... Não é isso".
13 – PLANO AMERICANO Marcelo se levanta e se aproxima de Vânia. CÂM., CONFORME ELE SE APROXIMA, FECHA O PLANO (UM DE FRENTE PARA O OUTRO).	MARCELO: "Então, o que é? O que foi que eu fiz?".
14 – CLOSE-UP Rosto de Vânia.	VÂNIA: "Nada".
15 – PLANO AMERICANO Marcelo anda de um lado para outro, falando e gesticulando.	MARCELO: "Com certeza podemos dar um jeito nisso... Eu não sei o que é mas...".
16 – CLOSE-UP CÂM. SUPERFECHADO NO ROSTO DE MARCELO.	MARCELO: "Vânia! São dez anos que passamos juntos!".
17 – PLANO AMERICANO Vânia, de perfil para a câmera e de costas para Marcelo, caminha um pouquinho. CÂM. PODE PEGAR O MARCELO NO COMEÇO.	VÂNIA: "Eu sei muito bem quantos anos...".
18 – CLOSE-UP Rosto de Vânia, que olha o vazio.	VÂNIA: "Foram muitos, longos, vazios... estou exausta!".

19 – PLANO AMERICANO	VÂNIA: "Você pode acreditar... eu pesei muito bem todo o tempo que *não* passamos juntos".
Vânia de perfil. Vira-se e caminha devagar na direção de Marcelo, que aparece no quadro no fim do movimento.	
20 – PLANO MÉDIO MAIS ABERTO (NA CINTURA). Marcelo caminha de lá para cá e, no final, estaca. CÂM. ACOMPANHA MARCELO. VÂNIA APARECE CONFORME ELE SE MOVE.	MARCELO: "Olha... umas férias... só eu e você... Nós vamos nos entender. É claro que isso só pode ser um impulso!".
21 – *CLOSE-UP* Marcelo fala com o rosto conturbado.	MARCELO: "Vânia! A gente se ama! Eu te amo!".
22 – *CLOSE-UP* Vânia encara Marcelo em silêncio.	TÉC.: ruídos da rua desaparecem. TÉC.: Música-tema de Vânia entra e permanece até *fade out*.
Fade out – Final da cena 1.	

Alguns profissionais optam por detalhar o trabalho do roteiro técnico através do *storyboard*, que é um modo de apresentar essa mesma informação por meio de desenhos ou fotografias. O *storyboard* é um recurso especialmente utilizado para cenas de grande complexidade, e sua utilidade, inegável, pois permite administrar as tomadas de câmera em locais difíceis, como corredores estreitos, no interior de um carro ou avião. Geralmente há um desenho para cada um dos planos a serem realizados. Alguns profissionais colocam o *storyboard* como uma terceira coluna do roteiro técnico, enquanto outros optam por apresentá-lo como uma peça separada. Embora não seja obrigatório, é recomendável principalmente para diretores iniciantes. Akira Kurosawa,

Alfred Hitchcock e Steven Spielberg são diretores de cinema conhecidos pelo uso do *storyboard*.

Storyboard

Quando o audiovisual é um documentário investigativo ou mesmo uma reportagem, raramente o roteiro inicial chega a ser tão detalhado quanto o roteiro de um produto ficcional. Nesse tipo de programa, baseado na busca da informação, boa parte dos fatos, depoimentos e das imagens são encontrados no momento da gravação. Portanto, há sempre um componente inesperado: a duração de um depoimento, uma ação imprevista que pode ser registrada pelas câmeras, novas informações que levam à busca de novos depoimentos ou ao registro de uma ação que não era conhecida inicialmente etc. Ainda assim, nenhuma equipe pode sair a campo sem um levantamento preliminar do que pretende fazer, das perguntas que planeja realizar, sem uma prévia do texto do apresentador ou do repórter. O roteiro, para esse formato, assemelha-se à *estrutura*, vista nas páginas 62 e 63, acrescida, por exemplo, das perguntas que serão feitas a cada entrevistado.

A formação da equipe

A equipe de produção de um audiovisual é formada por grande número de profissionais, que cumprem muitas funções. Alguns deles atuam em todas as etapas de produção, como o diretor e o produtor; outros, em apenas determinadas fases, como os maquiadores, os figurinistas e os atores. Além daqueles ligados à produção desde a idéia inicial: em geral o diretor, o produtor e o roteirista. A partir de um projeto ou já do roteiro finalizado, esses profissionais iniciam o trabalho. Uma das primeiras atribuições da dupla diretor/diretor de produção (cujas funções são descritas mais detalhadamente a seguir) é reunir a equipe, atribuindo as tarefas de cada um.

O *diretor* é responsável pela execução criativa do audiovisual. Sua visão artística é concretizada na tela de cinema ou de televisão. Com base no roteiro, o diretor passa a criar estudando minuciosamente cena a cena, atuando em conjunto com desenhistas para a montagem de um *storyboard*. Precisa também ter conhecimento da narrativa audiovisual para ser capaz de dar ritmo, tensão e fluidez ao produto. Lidera a equipe de gravação ou filmagem, instruindo atores, operadores de câmera, diretores de fotografia; para exercer essa liderança, necessita do conhecimento técnico de todas as funções exercidas e de uma grande capacidade de comunicação, a fim de expressar sua visão para a equipe. O trabalho do diretor é muito próximo ao do diretor de produção, um de seus grandes parceiros na realização do audiovisual.

O *produtor* é responsável pelo financiamento da produção audiovisual; geralmente, é um estúdio, uma empresa (no caso do cinema comercial ou de produções em emissoras de TV), ou aquele que busca financiamento (no caso do cinema ou vídeo independente).

O *produtor executivo* é quem vai administrar o dinheiro exigido para a produção audiovisual. No contexto da indústria cinematográfica norte-americana, é um dos profissionais mais poderosos, pois não raro escolhe até quem vai dirigir o filme, os atores que serão escalados etc. Muitos diretores de cinema acabam produzindo os próprios filmes, em busca de liberdade e autonomia.

O *diretor de produção* responsabiliza-se pela parte prática da realização de um audiovisual: administra as equipes, cuida da alimentação, providencia os locais para gravações ou filmagens (locações ou estúdios), os equipamentos, as autorizações para gravar em lugares públicos, roupas e objetos de cena, coordena a compra de material para a construção da cenografia etc. Quase sempre tem uma equipe que o auxilia nas diversas tarefas. Se a produção for muito complexa, como a de uma telenovela de época, haverá produtores de elenco, produtores de objetos, entre outros.

> [...] o diretor de produção recolhe de cada diretor (fotografia, arte e o do filme) uma lista com todo o material necessário para cada função preencher as suas necessidades, construir um orçamento e, a partir da aprovação pelo executivo, mobiliza sua equipe para conseguir tudo o que for necessário. É tarefa dele também sentar com o diretor para organizar o cronograma de filmagem e zelar para que ele seja cumprido. O diretor de produção deve conhecer o roteiro sistematicamente, para poder avaliar as condições de ordem de filmagem, e poder substituí-las caso algum inconveniente atrase determinada cena (Filipe Salles, 2000).

O *roteirista* é quem escreve o roteiro do audiovisual, preparando os originais para que diretor e produtores possam cuidar da realização do audiovisual. A princípio o trabalho do roteirista é muito anterior ao processo de produção, mas há casos em que é chamado para reelaborar cenas e diálogos.

O *diretor de arte*, com o diretor, elabora a unidade estética do audiovisual, pesquisando materiais, cores, texturas, estilos arquitetônicos, mobiliário etc. Em produções de época ou de temas fantasiosos, seu trabalho é fundamental. Orienta outros profissionais, especialmente os produtores de objetos, cenógrafos, figurinistas e maquiadores.

O *diretor de fotografia* é responsável pela imagem do audiovisual. Pode ser chamado simplesmente de *iluminador*.[1] No caso de um filme, ele é imprescindível, pois as imagens captadas em película cinematográfica precisam passar por um processo de revelação antes de serem vistas

---

[1] Diretor de fotografia e iluminador são termos equivalentes que variam de acordo com o tamanho da produção.

pela equipe. Por isso, esse profissional tem de saber escolher o gênero de filme de acordo com as condições de iluminação e com o tipo de imagem desejada pelo diretor.

Salles, em texto sobre as funções no cinema, designa o diretor de fotografia como:

> [...] *design* da luz do filme, ou seja, ele concebe as características estéticas dos tipos de iluminação para cada plano, bem como eventuais efeitos de filtragem na luz (gelatinas nos refletores ou filtros na câmera), para obter colorações específicas na luz ou mesmo balanceá-las; considera as relações de contraste da luz e do filme e diz qual a exposição correta para cada plano filmado.

No caso do vídeo, embora a figura do diretor de fotografia também exista, sua função é mais simples, pois as imagens geradas em vídeo são vistas por toda a equipe já no momento da captação.

Sob sua orientação, trabalha o *operador de câmera* e os *assistentes de câmera* (no caso do cinema). O operador de câmera é responsável por captar as imagens, operando o equipamento; é chamado ainda de cinegrafista ou de *cameraman*. O assistente de câmera é encarregado da manutenção e limpeza da câmera, da troca de lentes e de rolos de filmes durante a operação. Nos Estados Unidos, onde a indústria cinematográfica é muito estruturada, essas funções são bastante divididas. No Brasil, o mesmo profissional acumula esses três cargos, ou então o diretor de fotografia, além de preparar a iluminação, opera a câmera e conta com apenas um assistente.

O *operador de áudio* atua na captação do áudio original durante as gravações ou filmagens. Ele opera gravadores, microfones e fones de ouvido sempre procurando obter um registro fidedigno de diálogos e ruídos de cena.

O *sonoplasta* cria os ruídos para o audiovisual a fim de garantir uma adequada ambientação sonora: passos, sons da natureza, ruídos mecânicos adicionados aos sons captados originalmente. Dessa mistura de sons originais e sons artificiais, cria-se o espaço sonoro da produção.

O *músico compositor* produz as músicas para a narrativa audiovisual. Geralmente elabora uma pesquisa sobre temas, tons, ritmos universais e regionais. A partir desse material e trabalhando em comum com o diretor, ele toma conhecimento do roteiro e compõe as músicas para cada uma das cenas. Essas músicas são executadas diante das cenas prontas para adequar ritmo e andamento às imagens.

O *cenógrafo* elabora os cenários que serão utilizados na produção: paredes simples, com janelas e portas, muros, fachadas de prédios etc. Essa construção é muito específica, pois tais paredes têm de ser leves, móveis (eventualmente devem ser deslocadas, porque a câmera passa entre elas para realizar *travellings*, planos-seqüência etc). Apesar disso, é essencial parecerem muito firmes e sólidas, inclusive para suportar os demais objetos utilizados na produção.

O *figurinista* trabalha no desenho e supervisiona a confecção das roupas utilizadas no audiovisual, usualmente feitas por uma equipe de costura. Muitas vezes seu trabalho inclui bastante pesquisa para conceber modelos compatíveis com as indicações do diretor de arte e os corpos dos atores e figurantes.

O *maquiador* cuida da aparência de todos que vão aparecer diante das câmeras: atrizes, atores, jornalistas, entrevistados, apresentadores. A maquiagem de produção difere daquela realizada para o dia-a-dia, pois leva em consideração a iluminação, muito intensa, além da maneira como as câmeras captam a figura humana, representando formas tridimensionais numa superfície bidimensional. A maquiagem precisa parecer natural sem deixar de realçar os volumes do rosto. Há algumas específicas, empregadas para envelhecer, para representar machucados, defeitos, e ainda para criar seres fantásticos: fadas, monstros, alienígenas, entre outros.

O *elenco* é constituído por atores/atrizes que trabalham num audiovisual e têm personagens definidos. A *figuração* é composta por atores/atrizes ou indivíduos comuns que formam o grupo que deve povoar a cena; não são personagens, apenas dão "vida" a um ambiente: são os passantes numa cena de rua, as pessoas dançando ao fundo num salão de baile, ou as que embarcam apressadas no metrô...

No caso de programas de TV, temos ainda o *apresentador*, responsável pela condução das atrações ou matérias jornalísticas, pela manutenção do sentido entre os vários blocos do programa e por manter contato com o espectador. O *repórter* é o jornalista que vai a busca da notícia no lugar onde as informações estão presentes e a apresenta, desse local, ao vivo ou não, ao espectador. A presença dele num programa jornalístico garante a credibilidade da notícia.

Por fim, o *editor* (vídeo e TV) e o *montador* (cinema) são os últimos profissionais a entrarem nessa extensa cadeia de produção. São responsáveis, sob a supervisão do diretor, por: ordenação do todas as cenas de acordo com o roteiro, inclusão dos ruídos compostos pelo sonoplasta, inserção da música, criação do ritmo, adição de caracteres (legendas, títulos) e de animações gráficas, abertura, e créditos finais do audiovisual. No computador, na ilha de edição ou na moviola,[2] o audiovisual finalmente ganha unidade e prepara-se para encontrar o público para o qual foi criado.

O planejamento de produção: o levantamento de necessidades e a importância de elaborar um cronograma

Conforme descrito nas funções do diretor de produção, cabe a esse profissional, com o diretor, preparar tudo o que for indispensável para a concretização do audiovisual. O *planejamento de produção* inclui o levantamento de produção e os cronogramas de gravação.

O *levantamento de produção* consiste no exame do roteiro, cena a cena, e a relação de todos os elementos essenciais para a realização de cada uma delas: aluguel do estúdio, construção de cenários, uso de uma locação, autorizações para gravação em locais públicos ou em propriedades particulares, reunião dos atores que devem estar presentes naquela cena, dos figurantes, figurinos dessas pessoas, equipe técnica exigida, equipamentos de gravação, máquinas de fazer fumaça e de fazer neve, ventiladores para simular ventania, entre outros. Trata-se de uma série de elementos possíveis, dos mais comuns aos mais raros, de acordo com as solicitações da narrativa que se pretende contar. A seguir, apresentamos o *levantamento de produção* de uma cena feita em locação:

---

[2] A "moviola" era a máquina usada para editar filmes antes que os computadores predominassem. Ainda há quem edite em moviola (Spielberg com Michael Kahn e até recentemente Scorsese com Thelma Schoonmaker), mas a maioria usa o Avid ou o Final Cut. A idéia original – baseada na Victrola, que tocava discos – era ser um "cinema portátil", para que se pudesse ver filmes em casa. Os altos custos impediram seu uso doméstico, mas ela acabou sendo útil para os editores de filmes (que, antes da moviola, editavam os filmes a "olho", cortando os pedaços de película, colando-os e testando em projetores). Disponível em: <http://www.city-net.com/~fodder/edit/moviola.html>.

Cena 1 – interior – casa – dia

Uma casa de classe média alta está decorada para uma festa de aniversário. Esses detalhes são percebidos ao fundo das imagens, que se concentram nos planos fechados sobre um menino que mantém uma conversa telefônica, enquanto se esconde da família.

Cenário/ Locação	Elenco	Figurino	Objetos/Cenografia	Equip.	Iluminação	Equipe
– Locação: corredor e sala de estar da casa, rua xxxxxx, nº xx...	– Menino de 4 anos, articulado, loiro, olhos claros, cabelo curto (Lucas de Oliveira) – Irmã mais velha: 11 anos, cabelos loiros e encaracolados, na altura dos ombros (Ana Santos) – Mãe – Pai – Avó	– Camisa azul-clara – Bermuda bege – Sapato de camurça bege ou marrom – Camiseta listrada – Jardineira rosa-claro – Tênis tipo *ked's* branco	– Aparador em pátina bege – Telefone bege c/ fio – Tapete p/ telefone – 2 porta-retratos – Cabideiro de parede – 1 casaco bege – 1 cachecol – 1 boné – 1 tapete kilim – 3 quadros – Mesa – 4 cadeiras – Persiana – Bolo de aniversário – Bexigas coloridas – Enfeites de aniversário – Bandeja de docinhos – Faixa de "feliz aniversário"	– 1 Eng. Betacam: câmera, monitor, tripé, baterias – 1 trilho para *travelling* – 3 intercom – 1 girafa para microfone direcional	– 1 *set light* – 2 refletores de 1.000 W abertos – 2 refletores de 2.000 W abertos – 1 *Mini Brut* – 4 Fresnel de 1.000 W – *Kit* de gelatinas para correção da iluminação (Obs.: verificar tensão elétrica no local e entrar em contato com a companhia elétrica.)	– *Cameraman* e assistente – Iluminador e eletricista – Produtor e assistente – Maquiador e cabeleireiro – Figurinista – Diretor-geral – Assistente de direção

O *cronograma de gravações* ou *filmagens* deve ser montado de acordo com a facilidade de produção, a agenda dos profissionais envolvidos (especialmente atores e técnicos muito qualificados, como um especialista em efeitos especiais), a disponibilidade dos entrevistados, o aluguel de objetos e equipamentos, e os custos de deslocamento.

Assim, convém, por exemplo, organizar as gravações ou filmagens das cenas em estúdio ou mesmo em externas concomitantemente à montagem dos cenários empregados. Por exemplo: vale a pena gravar todas as cenas que aconteçam diante de determinada fachada cenográfica, que leva certo tempo para ser montada e desmontada. Compensa fazer isso mesmo que envolva várias trocas de roupas dos atores e algumas mudanças na caracterização dos personagens. O mesmo serve para cenas gravadas em locações, casas alugadas, espaços públicos ou quando é preciso viajar com a equipe (aqui, aos custos de deslocamento são somados os custos de hospedagem).

Em outro caso, se um técnico em efeitos especiais for contratado exclusivamente para a realização de algumas cenas, como esses profissionais costumam cobrar por diária, também é oportuno organizar as gravações de modo que todas as cenas que necessitam de sua participação sejam gravadas ou filmadas em certo período de tempo, para otimizar custos. O mesmo vale para atores que tenham poucas cenas e façam participações especiais.

Tanto o levantamento de produção quanto os cronogramas não são feitos, obrigatoriamente, em separado. Muitas vezes a execução deles é simultânea, mas opta-se por mostrá-los separadamente para tornar mais claro o papel de cada um no planejamento de produção.

Planejamento de pós-produção

A pós-produção inclui a montagem ou edição, a sonorização e a adição de animações gráficas e efeitos digitais ao audiovisual. Essa etapa também pede antecipação, pois é preciso contratar os músicos que vão cuidar da composição da trilha sonora, num processo que pode ser concomitante ao das gravações/filmagens, mas que tem de estar finalizado no momento da montagem final. Da mesma forma é importante haver um *storyboard* da abertura ou de vinhetas que façam parte do audiovisual, para que elas possam ser encomendadas aos *designers*.

Os equipamentos de edição ou de montagem são muito específicos e o custo deles, muito elevado. Por isso, o mais comum é contar com os serviços de uma empresa de pós-produção, na qual o audiovisual será montado. Nesse caso, é essencial o planejamento para calcular o tempo exigido para esse trabalho (geralmente, esse cálculo é feito em termos de horas, pois assim é cobrado pelas produtoras).

No caso de audiovisuais muito longos, em que o processo de pós-produção é mais demorado, costuma-se fechar pacotes semanais, alternativa um pouco mais econômica. Mesmo no caso de empresas que mantenham seu próprio equipamento de pós-produção, como as emissoras de televisão, sempre é indispensável reservar o número de horas básicas e também o tipo de equipamento a ser usado, pois há várias equipes de programas diferentes trabalhando simultaneamente para manter a programação no ar.

Essa previsão é realizada em conjunto pelo diretor e pelo diretor de produção, que se encarrega de negociar reservas, datas e preços.

O orçamento

O orçamento geral de uma produção é bastante complexo e cheio de detalhes. Cada audiovisual terá o seu, de acordo com as exigências apuradas no planejamento de produção e de pós-produção.

Em geral, é preciso orçar os salários dos membros da equipe (alguns são pagos por diária, outros por semana e outros ainda por filme ou vídeo), o valor do aluguel dos equipamentos, os gastos com material de consumo específico (fitas de vídeo e pilhas) e geral (papel, fita crepe, envelopes), aluguel de espaços, como casas e sítios, pagamento de serviços como transporte e hospedagem, os custos de construção de cenários e confecção de figurinos, os custos de pós-produção etc.

A seguir, um modelo de orçamento para um documentário de cerca de 50 minutos sobre as comunidades quilombolas (os valores não são atualizados, servindo apenas como exemplo):

ORÇAMENTO				
ITEM	QUANTIDADE	UNIDADE	VALOR UNITÁRIO	VALOR TOTAL
ROTEIRO				
Pesquisa	4	Semanas	R$ 250,00	R$ 1.000,00
Roteiro	1	Projeto	R$ 4.000,00	R$ 4.000,00
Cópias xerográficas	500	Páginas	R$ 0,10	R$ 50,00
Subtotal				R$ 5.050,00
EQUIPE				
Diretor	1	Projeto	R$ 5.000,00	R$ 5.000,00
Assistente de direção	1	Projeto	R$ 2.000,00	R$ 2.000,00
Diretor de produção	1	Projeto	R$ 4.000,00	R$ 4.000,00
Assistente de produção	2	Projeto	R$ 2.000,00	R$ 4.000,00
Diretor de fotografia	1	Cachê	R$ 4.000,00	R$ 4.000,00
Operador de câmera	5	Diária	R$ 200,00	R$ 1.000,00
Repórter	1	Cachê	R$ 1.000,00	R$ 1.000,00
Subtotal				R$ 21.000,00
EQUIPAMENTO E MATERIAL DE GRAVAÇÃO				
Câmera DV	1	Semana	R$ 750,00	R$ 750,00
Kit básico de iluminação para externa	1	Semana	R$ 750,00	R$ 750,00
Rádios e ponto eletrônico	3	Semana	R$ 150,00	R$ 450,00
Fita beta digital	5	Fita	R$ 95,45	R$ 477,25
Fita DV	40	Fita	R$ 48,00	R$ 1.920,00
Fita Betacam	2	Fita	R$ 54,00	R$ 108,00
Material de consumo		Verba	R$ 500,00	R$ 500,00
Subtotal				R$ 4.955,25

SERVIÇOS				
Transporte	2	*Van* locação semanal	R$ 800,00	R$ 1.600,00
Hospedagem	10	Apto. pousada uma semana	R$ 200,00	R$ 2.000,00
Alimentação equipe	120	Refeições	R$ 10,00	R$ 1.200,00
Subtotal				**R$ 4.800,00**
SONORIZAÇÃO				
Trilha sonora	1	Projeto	R$ 3.000,00	R$ 3.000,00
Editor de som	30	Horas	R$ 80,00	R$ 2.400,00
Estúdio/Edição de som	30	Horas	R$ 80,00	R$ 2.400,00
Subtotal				**R$ 7.800,00**
EDIÇÃO E EFEITOS				
Editor	4	Semana	R$ 1.000,00	R$ 4.000,00
Ilha de edição	4	Semana	R$ 1.500,00	R$ 6.000,00
Efeitos	1	Projeto	R$ 4.500,00	R$ 4.500,00
Cópia DVD	2	Unidade	R$ 60,00	R$ 120,00
Subtotal				**R$ 14.620,00**
Resumo Geral do Orçamento				
Roteiro				**R$ 5.050,00**
Equipe				**R$21.000,00**
Equipamento e material de gravação				**R$ 4.955,25**
Serviços				**R$ 4.800,00**
Sonorização				**R$ 7.800,00**
Edição e efeitos				**R$ 14.620,00**
Total previsto				**R$ 58.225,25**

Produção

Finalmente, depois de muitas etapas de preparação, chega o momento da produção propriamente dita, que é aquele em que a equipe realiza as gravações ou filmagens do audiovisual. As imagens podem ser captadas em estúdio ou em locações. Por sua vez, é possível fazer as locações em ambientes internos (uma casa alugada para esse fim, na câmara dos vereadores, num mercado) ou externos. No caso das imagens captadas em estúdio, há a grande vantagem de se trabalhar num ambiente construído para a produção do audiovisual: um pé-direito alto pensado para manter todo o equipamento de iluminação suspenso, uma rede elétrica planejada para suportar toda a tensão necessária ao equipamento de iluminação, um espaço amplo por onde as câmeras circulem livremente e possa ser instalado o trilho para a realização dos *travellings*, portas muito amplas para fazer entrar todos os equipamentos indispensáveis e os objetos usados na produção etc. No estúdio, o diretor e o diretor de produção têm controle absoluto da situação: as condições de iluminação não variam, não há problemas com chuva, insetos, ou passantes curiosos. Normalmente as instalações de um estúdio incluem camarins, banheiros etc. A desvantagem é o estúdio ser um espaço vazio, que a equipe tem de encarregar-se de preencher com o cenário solicitado: paredes, móveis, objetos etc.

Para captar imagens em locação, são outras as preocupações do produtor: se for num espaço aberto, como um campo ou mesmo uma praça, o primeiro problema será em relação à alimentação de energia elétrica. Como ligar os equipamentos? Duas alternativas podem ser estudadas: a primeira consiste em alugar um caminhão gerador; a segunda, em pedir à companhia de energia elétrica local que "puxe um ponto" diretamente do poste. Em ambos os casos é fundamental providenciar extensões especiais, conhecidas pelo nome de "prolongas", que são capazes de suportar a tensão exigida.

Esses mesmos cuidados valem quando se tem de gravar num ambiente interno, como uma casa ou um edifício público. Normalmente uma instalação elétrica doméstica não suporta todo o equipamento utilizado numa produção média. Por isso, especialmente se a gravação acontecer numa casa antiga, convém levar antes um eletricista para avaliar as condições do local. Talvez seja conveniente requerer energia diretamente à companhia elétrica.

A vantagem de gravar em locação é a autenticidade do local. Casas onde pessoas realmente moram têm uma história que aparece em suas cortinas, nos enfeites sobre os móveis, nos quadros nas paredes. Esses elementos podem ser de grande valor para o audiovisual que se pretende produzir, em especial no caso de um documentário. Por outro lado, esse tipo de espaço é feito para pessoas circularem, e não câmeras e tripés de iluminação. É provável que boa parte dos móveis tenha de ser retirada para acomodar equipe e equipamento, e também que alguns deles não passem pelas portas. Nesse caso, é recomendável pesar prós e contras para escolher entre locação e estúdio.

Para uma produção bem-sucedida em locações

Sempre que uma gravação for realizada em locação, é importante checar, com antecedência, os seguintes elementos (Watts, 1990):

- A *incidência do sol* em vários momentos do dia, para evitar uma sombra forte bem diante do prédio que se pretende registrar ou uma luz muito fraca no final da tarde, por exemplo.

- Verificar a *eletricidade* e a tensão suportada pela instalação do local. Se a energia do lugar puder ser utilizada, deve-se verificar quais os plugues das *tomadas* para providenciar adaptadores, se for o caso.

- Os *ruídos* do ambiente podem inviabilizar a captação de imagens e sons: construções próximas, serralherias, rotas de aviões, trânsito pesado num determinado horário, por exemplo. Em outras situações, ruídos baixos e constantes talvez sejam desagradáveis, como o de um aparelho de ar-condicionado. Assim, ao verificar antecipadamente a locação, convém se informar se é possível desligar esse tipo de equipamento durante a gravação ou filmagem.

- As *permissões para gravação ou filmagem* são imprescindíveis. Locais públicos, como o metrô e *shopping centers*, e mesmo alguns parques, só autorizam a presença das equipes de produção mediante um contato anterior e certa negociação. Recomenda-se estar preparado para apresentar o projeto e o roteiro, caso necessário.

- As pessoas entrevistadas também precisam concordar em aparecer na tela, ter sua imagem difundida publicamente, mesmo que o audiovisual produzido não tenha finalidade comercial. Para isso existe um *termo de cessão de uso de imagem* conforme a seguir.

Verificar as condições de *estacionamento*, de acesso à *água* e a *banheiros* também é válido quando se preparar uma gravação em locação. O mesmo vale para as *refeições* da equipe e do elenco: se não houver restaurante próximo, é interessante encomendar o almoço a uma empresa ou até providenciar um piquenique. Já se houver, é conveniente pensar em reservar comida para a equipe e acertar um horário para as refeições.

Fotografar todo o ambiente talvez seja bastante útil para a equipe técnica verificar altura, dimensões etc. No dia da gravação, a máquina fotográfica é essencial para preparar fotos de divulgação e registrar os momentos mais interessantes dos bastidores.

Conhecer o caminho. Mapas, indicações, pontos de encontro... É recomendável que o diretor de produção garanta que equipe, elenco, figurantes, prestadores de serviço etc., possam chegar ao local da gravação ou filmagem. Isso inclui verificar as condições de *trânsito* nas diversas horas do dia.

Elaborando um checklist

Ao sair para uma gravação ou filmagem, o diretor de produção deve elaborar, com o pessoal da equipe técnica, um *checklist* para verificar se todos os equipamentos necessários serão levados e, depois da finalização do trabalho do dia, se esses mesmos equipamentos serão trazidos de volta aos escritórios de produção ou ao estúdio. Abaixo, um exemplo de *checklist* para vídeo.

EQUIPAMENTO	SAÍDA	RETORNO	OBSERVAÇÕES
Câmera	✓		
Baterias ( )	✓		
Alimentador mini DV	✓		
Tripé de câmera	✓		
Refletor 650W (110 V)			
Refletor 1.000W (110 V)			
Extensões ( )			
Kit de gelatinas			
Papel vegetal			
Rebatedores			
Tripés de luzes e reb. ( )			
Lâmpadas extraref. ( )			
Pregadores de roupa de madeira			
Microfone direcional			
Microfone de mão			
Pilhas AAA			

Equipamento	Saída	Retorno	Observações
Microfone de lapela			
Baterias alcalinas para o *mic lap*			
Cabo cannon/rca			
Cabo cannon/P10			
Adaptador p10/p01			
Fones de ouvido			
Monitor/controle remoto			
Cabos RCA com adaptador ( )			
Câmera fotográfica digital			
Fitas mini DV ( )			
Elásticos			
Fita crepe			
Papel sulfite branco			
Canetão			
Claquete			
Giz branco			

Claquete e ficha de filmagem

Vale a pena usar na gravação em estúdio ou em externas a *claquete*. Trata-se de uma pequena lousa na qual se marca o número da cena, do plano e do *take* (repetição da gravação daquele plano), além do nome do vídeo e um espaço para observações. Ela precisa ser preenchida e filmada por cerca de 5 segundos antes de cada *take*.

Ao mesmo tempo, alguém anota, geralmente o assistente de direção, no próprio corpo do roteiro o que aconteceu na gravação, de modo a facilitar a preparação para a

edição. Deve-se registrar de forma rápida o que aconteceu em cada *take* e quais foram os melhores. O nome técnico disso é *ficha de filmagem*. A seguir, um exemplo dessa ficha:

CENA 1 (Praia – Manhã)

    Plano 2 – Close em Eduardo, que se declara para Norma

TAKE:

    01 – Eduardo errou o texto

    02 – Eduardo ri no meio da frase

    03 – não valeu (microfone caiu)

    04 – Ruim de interpretação

    05 – Mais ou menos

    06 – Melhorzinha

    07 – Valeu

    08 – Boa, melhor que a anterior

Usando a ficha de filmagem como guia, são escolhidos os *takes* a serem utilizados na edição.

Continuidade

As duas figuras-chave no momento da captação das imagens são o(s) assistente(s) de direção e o(s) continuísta(s). O assistente auxilia o diretor em tudo que for necessário, observando atentamente o cenário, o figurino dos atores e as orientações de interpretação; antecipa, assim, a entrada dos atores e entrevistados no *set* e organiza o ambiente. E num trabalho mais específico e detalhado, o *continuísta* presta muita atenção a todo o material que é gravado ou filmado, para evitar que, entre uma cena gravada e outra, aconteçam problemas, como, por exemplo, o apresentador estar com o cabelo ou a gola da blusa diferentes, as mãos numa posição e depois em outra etc. É ele quem cuida da harmonia visual entre as diversas cenas que fazem parte do vídeo. No caso de uma produção em que os personagens tenham uma cena na rua e logo depois em casa, é muito provável que estas cenas sejam gravadas em dias diferentes, ou no mínimo com muitas horas de intervalo. Cabe então ao continuísta garantir que os figurinos e os cabelos estejam idênticos entre as duas cenas. No caso de um vídeo com muitas falas dos apresentadores no estúdio, é possível que haja erros e a gravação tenha de ser interrompida, e, em seguida, o trabalho seja retomado de certo ponto. Nessa fase a atenção do continuísta é essencial, já que um tom, um passar de mãos pelo cabelo ou uma mudança de posição na cadeira podem fazer com que dois planos de uma mesma seqüência não se "colem" perfeitamente na ilha de edição. Uma das principais ferramentas de trabalho do continuísta é a máquina fotográfica digital (antigamente, usava-se polaróides), que ele utiliza para registrar cada um dos atores, apresentadores ou jornalistas, antes que eles entrem em cena, bem como todas as partes do cenário.

Pós-produção em vídeo

Após as gravações, inicia-se o trabalho de pós-produção, que é a fase em que o audiovisual será montado, sonorizado, acrescido de efeitos especiais, caracteres etc. Essa etapa pode ser tão ou mais longa que a etapa de produção, dependendo da complexidade do trabalho.

Preparando para a edição: mapeamento das fitas, roteiro de edição e transcodificação

Para preparar o material para edição é necessário assistir a todo o material bruto, buscando cada plano gravado nas diversas fitas utilizadas. Para isso existe uma marcação de tempo especial, aparente na tela da TV ou no *display* da câmera, chamada de *timecode*. Esse código é gerado no momento de gravação, pela própria câmera, e passa a fazer parte daquele material. Assim, é como se cada fita produzisse um mapa a partir do qual é possível localizar rapidamente, na ilha de edição, as imagens desejadas. Para isso, porém, é preciso saber quais imagens se deseja buscar, bem como seu "endereço".

A *minutagem* consiste nesse mapeamento do material bruto, utilizando como ponto de partida a ficha de filmagem. Sabendo qual *take* é o melhor para cada plano do vídeo, basta procurá-lo na fita (usando a imagem da claquete como guia) e marcar o tempo em que ele se encontra.

Exemplo de minutagem:

Alfabetizando na vida – Fita 01 – Gravado em 30/10/2004				
T. inicial	T. final	Descrição de imagem (Cena/Plano/ *Take*)	Áudio	Observações
0:02:56	0:04:05	Apresentação Maria de Lourdes Plano médio fechado em Lourdes Boas condições de iluminação	Áudio ok **Lourdes**: "Meu nome é Maria de Lourdes Pereira, tenho 41 anos, fiz agora dia 10... as meninas até fizeram uma festa, para gente e [...]. Agora do ano passado pra cá é que eu descobri esse curso e comecei a me interessar.	Muito segura, agradável diante da câmera.
0:04:28	0:04:48	Estado civil de Lourdes PM fechado em Lourdes Boas condições de iluminação A entrevistadora (Salete) não aparece	Áudio ok **Salete**: "E você casou?" **Maria de Lourdes**: "Casei, tenho dois filhos. Um de dezessete e outro de quinze". **Salete**: "Eles estudaram?!". **Maria de Lourdes**: "Um já está terminando o 2º grau e o outro tá no primeiro".	O áudio de Salete está um pouco baixo; ver se é possível melhorar na ilha de edição.

Alfabetizando na vida – Fita 01 – Gravado em 30/10/2004				
0:06:07	0:06:23	Avaliando o conhecimento da escrita PM fechado em Lourdes Idem	**Salete:** "Se você tiver que ler uma história, você consegue?" **Maria de Lourdes:** "Consigo. Tropeçando **(ri)** um pouco, mas eu consigo". **Salete:** "Jornal... você lê ou não?" **Maria de Lourdes:** "Um pouco". **Salete:** "Gosta?" **Maria de Lourdes:** "Gosto". **Gisele:** "Gosta de revista?" **Maria de Lourdes:** "Também. Eu gosto muito de ler negócio de novela... essas coisas".	Idem

Alfabetizando na vida – Fita 01 – Gravado em 30/10/2004				
0: 09:24	0:10: 09	Avaliando o conhecimento da escrita PM fechado em Lourdes Idem	**Gisele**: "Eu queria saber de você: tem outras coisas que você precisa fazer e o fato de não ler nem escrever supercertinho te atrapalhou ou te prejudicou?" **Maria de Lourdes (por cima da fala de Gisele): "É,** quando eu tenho que preencher alguma coisa. Ontem eu passei quase o dia na fila do fórum pra ver isso e tinha que preencher três páginas daquelas folhas, e eu levei meu filho junto, porque eu não dava conta de preencher. Tinha que multiplicar aqueles número tudo, tinha que pôr certinho e não podia errá... então nessas horas também eu vejo muita dificuldade **(pausa)**. Assim, por exemplo, se você vai fazer uma ficha numa empresa e uma coisa assim... nisso também eu tenho bastante dificuldade.	Áudio da entrevistadora (Gisele) está ok; estava mais perto da câmera. A entrevistadora não aparece em quadro.

Essa referência numérica permite acelerar o processo de edição, pois com isso será enviado para o computador (digitalização) somente o material a ser aproveitado. Através da minutagem, pode-se chegar a um *roteiro de edição*, que nada mais é que o seu roteiro técnico acrescido dessas referências numéricas. Fazer o roteiro de edição equivale a editar virtualmente, a montar o vídeo ainda no papel. É possível até antever o que "funciona" e o que "não funciona" na tela.

Assim, no dia da edição, o editor vai perguntar: "Por onde eu começo?". Com um roteiro de edição bem-feito, pode-se responder a esta pergunta, o que dá muita segurança ao realizador: "O primeiro plano do meu vídeo está na fita 2, aos 18 minutos e 48 segundos; o próximo está na fita 2 também, mas aos 19 minutos e 12 segundos...".

Portanto, não convém chegar à ilha de edição e responder: "Está mais ou menos no meio da gravação, depois que a atriz teve uma crise de espirros...".

No caso de uma reportagem ou de um documentário investigativo, que não possuem um roteiro rígido *a priori*, o trabalho de mapeamento das fitas e de realização do roteiro de edição é ainda mais importante, porque é nessa etapa de trabalho que o sentido do audiovisual será criado. Assim, pode-se dizer que a criação do roteiro final é realizada *a posteriori*, como preparação para a edição. Nesse momento, é possível perceber a necessidade de complementar as gravações, caso se tenha de "alinhavar" as diversas imagens, depoimentos e informações a partir da presença de um apresentador em estúdio ou de uma locução. No exemplo a seguir, o roteiro de edição de um documentário sobre a relação entre professores, crianças e televisão foi realizado após a gravação de 8 horas de registros de atividades em sala de aula, entrevistas e uma rodada de conversa com professores em estúdio.

Item	Descrição	Fita	Tempo	Comentário/Insert[1]
1	Apresentação Rosângela	Estúdio 1	1'31"	
1 1/2	O segundo objetivo, gravado nas cabeças	Estúdio 2	Aprox. 38'	Insert[1] matéria Jornal Nacional: fita arquivo providenciada por Benedito por volta de 14'34"
2	Rô se dirige diretamente aos professores: "Vcs. que são educadores, sabem que tipo de programa eles preferem?"	Estúdio 1	1'31" a 1'54"	
3	Resposta professora loura: "Por exemplo Yughi oh... Bay Blade".	Estúdio 1	2'04" a 2'40"	Insert fita desenhos animados; verificar o ponto
4	"Assistem a novelas... e agora no caso ao Big Brother" (professora Silvia)	Estúdio 1	2'51" a 3'05"	
5	Fala das crianças: "São muitos, mas o que eu gosto é Tom e Jerry, e eu assisto à Globo".	Locação Rafa	1'08"	

---

[1] Um *insert* é uma imagem que é *inserida* para cobrir uma outra imagem, ficando o áudio original da imagem que foi descartada. Pode ser feito também *insert* de áudio em cima de uma imagem qualquer, mantendo-se ou eliminando-se o áudio original.

5 1/2	Aluna de tranças: "Dos desenhos que passam, gosto do Digimon".	Locação Rafa	2'15"	
5 3/4	Menino de boné virado: "Desenho de manhã e à noite, novela".	Locação Rafa	3'29"	O áudio está muito baixo; mandar antes para o estúdio para melhorar o volume
6	Rosângela: "Numa escola de São Paulo, na região Sul, nós fizemos uma pesquisa com alunos da 3ª e 4ª séries... sim, desenho animado, mas também as novelas e o Big Brother".	Estúdio 2	3'23" a 4'13"	
7	BBB	Arquivo da Rede Globo	4'20"	
8	Cris responde: "Hoje em dia, mesmo que vc. não queira... (até Solange) e mais (...). A TV está focando algo que acontece na sala de aula, mas ninguém repara (...). TV aberta.	Estúdio 1	7'32" a 8'40"	
9	Professora Alda fala de seu trabalho com Malhação e os adolescentes da sexta série.	Locação Rafa	10'30" até 11'27"	Precisamos insert abertura Malhação, o início do depoimento está com problemas no vídeo

10	Professora Tatiana	Estúdio1	entre 12'23" e 14'00"	Áudio um pouco baixo
11	"A TV traz o mundo."	Estúdio1	16"00"	
12	Fala de fechamento Ana	Estúdio1	32'15"	
13	Dicas de utilização 2ª cabeça. Rosângela falando sobre como usar a novela Celebridade em sala de aula.	Estúdio 2	38'47"	Carecemos de muitos inserts para esse trecho, que estão sendo providenciados pelo Benedito. Novela Celebridade (abertura + brinde Renato + fachada do Andaraí). Pesquisar material arquivo Globo
14	Rô cabeça 2ª: "Todos nós, alunos e professores, estamos sujeitos à ação da mídia, e a escola é o principal canal...".	Estúdio 1	Aprox. 38'	
15	Reflexão Rô	Estúdio 2	33'00" aprox.	

Com este roteiro de edição em mãos, pode-se providenciar o que falta para tornar o vídeo bem-sucedido. Nessa fase, em que se reúne todo o material a ser utilizado, é importante verificar a origem de todas as fitas utilizadas, para evitar surpresas.

Nem sempre são usados apenas registros captados pela equipe, já que não raro é necessário recorrer a material de arquivo ou de outras fontes, como a própria programação da televisão; nessa hora que começam as dificuldades. Há muita variedade entre os *sistemas/padrões de televisão em cores* dos diversos países: no Brasil, usa-se o *PAL-M* para transmissão de sinais para os parelhos de TV domésticos; nos Estados Unidos, no Japão, no Canadá e na América Central, o padrão é o *NTSC*; na Europa, existem variações do PAL e o *SECAM*, que é originário da França e se espalhou pelas ex-colônias. Isso quer dizer que um material gerado na televisão francesa não é compreendido num videocassete brasileiro, e muito menos numa ilha de edição. Assim, não é possível lançar mão de material estrangeiro sem antes verificar qual sua origem, seu sistema e se é compatível com o padrão local.

A questão se complica quando examinamos mais de perto o contexto brasileiro; embora a transmissão da TV local seja em PAL-M, a maior parte dos produtos comercializados em vídeo para o grande público é produzida em padrão NTSC. Um programa de TV gravado de forma doméstica terá o padrão PAL-M, enquanto uma fita de vídeo alugada numa locadora, se for original, será NTSC. Os videocassetes domésticos produzidos no Brasil fazem a conversão automática dos dois sinais e enviam o sinal convertido para o aparelho de TV. Já os equipamentos de captação de imagem e de edição profissionais e semiprofissionais, da esmagadora maioria das produtoras de vídeo, de escolas de comunicação social e centros de comunicação popular e comunitária, têm padrão NTSC. Parece um paradoxo: produção e transmissão se dão em sistemas diferentes.

Assim, um material gravado da televisão em um videocassete caseiro não pode ser levado diretamente a uma ilha de edição, sem antes ser submetido a um processo de *transcodificação*, em que o sinal é alterado e muda de sistema ao passar por um equipamento chamado *transcoder*. Isso deve ser feito antes da edição ou, então, o editor tem de ser avisado da necessidade de transcodificar o material que será usado na edição, e preparar-se para isso.

Além disso, é preciso muita atenção ao gravar o material da televisão porque, nos videocassetes comuns, existe a possibilidade de gravar em velocidades diferentes: SP, LP ou EP. Isso permite que uma fita VHS T-120 possa ser ocupada por, respectivamente, 2, 4 ou 6 horas de material gravado. O melhor registro possível é obtido na velocidade SP, que usa mais metragem de fita para registrar cada minuto de gravação. O equipamento profissional de edição, porém, não admite tantas variações de velocidade e só consegue interpretar o sinal de fitas gravadas na velocidade mais baixa, SP. Assim, tanto com material gravado da TV quanto com material gravado em câmeras amadoras, é importante certificar-se da velocidade de gravação escolhida, sempre em SP.

Edição e sonorização

Atualmente o sistema de edição em vídeo costuma ser efetivado usando-se computadores, num processo conhecido por *edição não-linear*. Cada dia, novas soluções em *software* e *hardware* chegam ao mercado, democratizando a tecnologia indispensável para editar produções em vídeo.

Apesar disso, ainda há no mercado um outro tipo de trabalho de edição de vídeo, mais tradicional, chamado *edição linear*. Especialmente em emissoras de TV locais, o departamento jornalístico é obrigado a realizar muitas reportagens todos os dias; por isso, uma primeira versão da edição das matérias é produzida dessa maneira. A edição linear também é usada quando, de modo amador, se faz a edição usando-se dois videocassetes caseiros ou mesmo a câmera e um videocassete. Assim, como parte do cotidiano de produtores iniciantes, convém conhecer um pouco mais sobre esse processo.

A *edição linear* recebe esse nome porque o acesso a imagens e sons gravados em fitas é feito através de uma busca, assistindo-se à totalidade da fita até chegar aos registros desejados. Essas imagens são montadas, uma depois da outra, numa seqüência linear, na fita final. Melhor dizendo: trata-se de uma cópia, em que trechos selecionados do material bruto são reordenados na chamada *fita master*, de acordo com objetivos, montando a história e colocando sons e caracteres. Nos equipamentos profissionais há um aparelho que controla os dois videocassetes, sincronizando-os. Esse equipamento é chamado *edit controller*. No processo linear, depois que uma edição é realizada, torna-se impossível inserir uma nova cena, a não ser que se refaça todo o trabalho a partir do ponto desejado para a inserção.

Existem duas maneiras de editar utilizando-se um equipamento linear: pelo método *assemble*, em que todo o sinal, áudio e vídeo, é enviado para o segundo videocassete (normalmente, é empregado para fazer edições simples, pois não exige preparação prévia); e pelo método *insert*. Neste caso, o trabalho é mais preciso, pois é viável separar o sinal de vídeo das duas pistas contendo o sinal de áudio, já que há mais controle do ponto em que cada imagem vai entrar na fita máster. Para editar em *insert*, porém, é necessário preparar a fita previamente, ou seja, receber uma primeira gravação, que em geral é sinal de tela preta ou de barras coloridas (*color bars*).

Ligado ao equipamento de edição linear, usualmente há um gerador de caracteres, para colocar títulos e pequenos textos no vídeo. Pode existir também uma mesa de efeitos, que permite sofisticar as passagens de um plano a outro, através de dissoluções da imagem e efeitos gráficos. Além desses dois equipamentos, conta-se com uma mesa de áudio para tornar mais variados os recursos sonoros: gravação de locuções, trilha sonora em fita K7, CD, MD etc.

No caso da *edição não-linear*, quase todo esse equipamento é concentrado na tela do computador, em inúmeros *softwares* destinados à edição, à geração de efeitos especiais e de caracteres, à animação gráfica, ao tratamento de áudio etc. O nome não-linear decorre da possibilidade de acessar as imagens de modo aleatório, uma vez que estão gravadas em forma de sinal digital, no disco rígido (interno ou externo) do computador.

Esse processo pode ser dividido em três etapas principais. A primeira é a transferência das imagens gravadas para a memória do computador, um procedimento chamado *captura*. A câmera e o videocassete são conectados ao computador mediante uma placa de captura instalada no computador, que possui uma interface para conexão de cabos para entrada e saída do sinal. Essa transferência será tanto mais rápida quanto mais organizado estiver o roteiro de edição do grupo e a minutagem do material gravado. O sinal é digitalizado e passa a ser disponível ao operador.

Assim que todo o material é transferido para o computador, inicia-se a segunda etapa, que é o processo de *edição* propriamente dito. Com imagens e sons já disponíveis na memória do computador, através de um *software* de edição, como o *Adobe Premiere*, o *Final Cut* e o *Edit Studio*, planos, cenas e seqüências são montados, ordenados e trabalhados. A aparência da área de trabalho dos *softwares* varia bastante, mas em geral todos lidam com a idéia de uma linha de tempo (*timeline*) que fica aparente e sobre a qual são sobrepostas as imagens desejadas. No processo linear, geralmente a possibilidade de trabalho resumia-se a um canal (pista) de vídeo e dois canais de áudio. Com a tecnologia não-linear, pode-se adicionar quantas pistas paralelas se desejar à linha de tempo, de modo que seja possível operar com mais de uma imagem ao mesmo tempo (recortadas lado a lado, ou uma em transparência sobre a outra, ou ainda formando um mosaico) e com várias pistas sonoras: música, diálogo, locução, ruídos etc. Esses recursos permitem ao editor uma liberdade muito grande de criação e manipulação do vídeo. A qualquer momento o resultado parcial da edição pode ser visto por meio de uma janela de *preview*, e modificado; ainda, duas imagens podem ser afastadas para que uma terceira seja colocada entre elas, sem que o esforço seja maior do que um arrastar de *mouse*. Do mesmo modo, efeitos podem ser testados e substituídos sem que o trabalho precise ser refeito. Embora muito prático, há exigências próprias dos meios digitais, pois quando um efeito é programado para efetuar a transição de uma imagem para a seguinte, é necessário que o computador faça uma série de cálculos para viabilizar essa transição. Essa operação chama-se *renderização* e, dependendo da memória, da velocidade de processamento da máquina e da complexidade do efeito em si, pode levar bastante tempo.

A qualquer momento o processo de edição pode ser interrompido e o resultado da edição, armazenado na memória do computador, para ser retomado mais tarde ou dias depois. O arquivo salvo ainda não é um vídeo, mas uma série de arquivos dentro do computador. Ao acessar novamente esses arquivos a partir da *timeline*, eles continuam individualmente disponíveis para o editor dar seqüência ao trabalho e propor novas alterações.

O processo de edição não se resume a colocar as tomadas gravadas na ordem certa. É importante observar também a continuidade, cuidar da harmonia visual entre essas tomadas, verificar o ritmo em que as imagens se sucedem, a sincronia da música, a pertinência dos ruídos etc. Assim, depois da primeira montagem, o realizador deve assistir ao vídeo e verificar se há passagens muito bruscas ou lentas. É o instante de tirar proveito da tecnologia digital e refinar a edição. Sempre há o que melhorar. Essa é a hora para trabalhar de maneira mais específica a sonorização do audiovisual.

Quando uma música é composta ou executada especialmente para um audiovisual, é nessa fase que o compositor precisa ter acesso ao vídeo, já quase pronto, para que possa adaptar a trilha às variações de tempo e intensidade que as imagens têm depois de editadas. Com base nessa primeira versão, deve então trabalhar a música e entregar os registros ao editor, que vai colocá-la na versão final da edição. O mesmo se dá no caso de haver a necessidade de uma tarefa criadora e extensa com os ambientes sonoros do vídeo: uma floresta produzida em estúdio, por exemplo, carece de uma profusão de sons para se tornar real. Essa trilha de ruídos também tem de ser trabalhada por um profissional específico, o *sonoplasta*, a partir dessa primeira versão do vídeo editado.

Por fim, vale a pena pensar em legendas ou créditos de abertura e encerramento: os nomes dos atores, do diretor, produtor... Além, é claro, do título do trabalho. Para adicionar esses caracteres, pode-se utilizar o gerador de caracteres do próprio *software* de edição ou então fazer uso de recursos mais sofisticados ou específicos. Nesse caso, sugere-se levar os arquivos prontos. Uma boa idéia é utilizar o *software Photoshop* para essa produção. Os parâmetros são:

O tamanho da imagem é 640 x 480 *pixels*, o que equivale à área da tela da TV; assim, tudo que for escrito nessa imagem, estará em proporção: o título do vídeo, as legendas etc.

- A imagem deve ser salva no formato PSD, e somente em PSD.

- O padrão de cores é RGB (que é o sistema de geração de cores para sinal de vídeo).

- A definição é de 72 dpi.

É possível realizar o mesmo processo em relação à abertura do vídeo, que pode ter uma edição própria, uma animação digital, uma animação tradicional. Nesse caso, esse material também deve ser trazido à ilha de edição para que o editor faça a montagem final.

Os arquivos individuais só se transformarão em vídeo por meio de operações que consolidem as diversas pistas contendo imagens, músicas, ruídos, efeitos de transição, caracteres etc., num único arquivo, misturando todos esses sinais. Tal tarefa exige um tempo de renderização. Nesse processo é viável determinar o formato final do arquivo gerado, como, por exemplo, ".avi" ou ".mov". Outros formatos podem ser escolhidos, como o MPEG1 ou MPEG2 para gravação de VCDs ou DVDs, ou ainda selecionar formatos específicos para a visualização em internet.

Uma vez renderizado o vídeo, se o desejo for gravar o material em uma mídia analógica, como uma fita VHS, ou mesmo numa mídia digital do tipo DV (para câmeras de vídeo digitais), é possível reproduzir o arquivo consolidado no *timeline* e, através da saída da placa de vídeo, levar esse sinal a um videocassete ou a uma câmera, onde ele será gravado. A partir daí, o trabalho está pronto para divulgação e avaliação.

É importante esclarecer que o editor não trabalha sozinho, mas em colaboração com o sonoplasta e o músico, e sob orientação do diretor e do diretor de produção.

Conclusão

Após a leitura deste manual, o leitor deve ter sido impregnado pelo desejo de produção audiovisual. Com a discussão sobre alguns dos elementos componentes da linguagem audiovisual, com certeza filmes, telenovelas e programas de televisão serão encarados de forma diferente. O olhar, agora sensibilizado, tem de ser capaz de buscar, além da imagem, o *como* a imagem foi produzida. O ouvido, mais apurado, precisa perceber *como* a música colabora para que a narrativa fique mais dramática, e notar a riqueza que os ruídos trazem a uma cena.

Para aperfeiçoar esse aprendizado, os próximos passos são:

- Freqüentar com assiduidade as salas de cinema, sem preconceito, e assistir a produções comerciais e não-comerciais, filmes narrativos e documentários, para observar novas idéias e formas de comunicar através de imagens e sons.

- É sempre interessante assistir aos festivais de curtas-metragens, pois eles costumam ser um espaço para experimentação. Além disso, esses festivais tendem a ser locais de encontro entre produtores e uma oportunidade para trocar experiências.

- Assistir a muita televisão, variando os canais e programas, incluindo redes comerciais e educativas, programas infantis e telenovelas. Embora muitos tenham preconceito em relação à televisão, é inegável sua capacidade de comunicação e persuasão. Convém aprender com ela.

- Praticar com a câmera, realizar pequenos exercícios, documentar os fatos mais simples, como uma conversa entre duas pessoas, duas crianças brincando. Ao fazer isso, é recomendável variar planos, ângulos e movimentos de câmera.

- Exercitar-se com a narrativa, procurando contar uma pequena história em cinco ou seis planos. Um enunciado simples, sem diálogos, como transformar em imagens a frase: "João pegou a mão de Maria, beijou-a e ofereceu-lhe uma margarida". Antes de iniciar as gravações, sugere-se escrever o roteiro técnico dessa primeira seqüência de planos. É da costura de enunciados simples como este que nascem os audiovisuais mais longos, inclusive os longas-metragens.

- É importante manter-se praticando. Ainda que este manual tenha procurado ser muito abrangente, nenhuma leitura substitui a experiência do fazer, pelo menos em termos de produção de audiovisuais. Realizar um audiovisual é uma prática muito gratificante, especialmente porque permite ao realizador e a toda sua equipe exercitar a criatividade, cada um numa determinada função. A interdependência que acontece entre os membros de uma equipe de produção gera por si só aprendizado, disciplina, responsabilidade, prazer da partilha e solidariedade.

- Nenhum projeto é pequeno demais. É essencial acreditar e produzir, levar adiante a produção, comunicar uma visão de mundo, uma realidade conhecida por poucos, idéias e mensagens. Emocionar o espectador e, a partir dessa emoção, conduzi-lo à reflexão. É esse o efeito que os melhores audiovisuais podem causar.

Então, mãos à obra!

Bibliografia

AUMONT, Jacques. *A imagem*. Campinas, Papirus, 1995. (Ofício da Arte e Forma.)

_____. et al. *A estética do filme*. Campinas, Papirus, 1995. (Coleção Ofício da Arte e Forma.)

_____. & MARIE, Michel. *L'analyse des films*. Paris, Éditions Fernand Nathan, 1988.

BALOGH, Anna Maria. *Blade Runner*: caçador de luzes e sombras. *Revista Comunicações e Artes*, São Paulo, Editora da Escola de Comunicações e Artes da Universidade de São Paulo, ano 11, n. 14, 1985.

_____. *Conjunções, disjunções, transmutações*: da literatura ao cinema e à TV. São Paulo, Annablume/ECA-USP, 1996.

BURCH, N. *Práxis do cinema*. São Paulo, Perspectiva, 1992.

COMPARATO, Doc. *Da criação ao roteiro*. Rio de Janeiro, Rocco, 2000.

COSTA, Cristina. *A milésima segunda noite*: da narrativa mítica à telenovela, análise estética e sociológica. São Paulo, Annablume/Fapesp, 2000.

FIELD, Syd. *Manual do roteiro*. São Paulo, Objetiva, 1995.

GARCIA, Luciano Alvarez. *Poétique du direct télévisuel*. Louvain, Ciaco Editeur, 1985.

HOWARD, David & MABLEY, Edward. *Teoria e prática do roteiro*. Rio de Janeiro, Globo, 1996.

MACHADO, Arlindo. *A arte do vídeo*. São Paulo, Brasiliense, 1988.

METZ, Christian. *A significação no cinema*. São Paulo, Perspectiva, 1977.

Moss, Hugo. *Como formatar seu roteiro*: um pequeno guia de Master Scenes. Rio de Janeiro, Aeroplano, 2002.

Pallottini, Renata. *Dramaturgia de televisão*. São Paulo, Moderna, 1998.

Paulucci, Gisele. *A representação do feminino no seriado Mulher*: análise do discurso. Dissertação (Mestrado) – Escola de Comunicações e Artes, Universidade de São Paulo, 2002.

Requena, Jesus Gonzalez. *El discurso televisivo*: espetáculo de la posmodernidad. Madrid, Catedra, 1995.

Ruiz-Quartas, Sérgio. *Armação Ilimitada*: análise discursiva de um seriado ficcional da tv. Dissertação (Mestrado) – Escola de Comunicações e Artes, Universidade de São Paulo, 1990.

Salles, Filipe. *Funções no cinema.* Acesso em: 5 jan. 2005. Disponível em: <http://www.mnemocine.com.br>.

Viallon, Phillipe. *Que sais-je?* L'analyse du discours de la télévision. Paris, Presses universitaires de France, 1996.

Vilches, Lorenzo. *La télévision dans la vie quotidienne*: états des savoirs. Rennes, Apogée, 1995.

Watts, Harris. *On camera*: o curso de produção de filme e vídeo da BBC. São Paulo, Summus, 1990.

Bibliografia recomendada

Eisenstein, Sergei. *A forma do filme*. Rio de Janeiro, Jorge Zahar, 1990.

_____. *O sentido do filme*. Rio de Janeiro, Jorge Zahar, 1990.

Filho, Daniel. *O circo eletrônico*: fazendo TV no Brasil. Rio de Janeiro, Jorge Zahar, 2001.

Lewis, Roland. *101 dicas essências*: vídeo. Rio de Janeiro, Ediouro, 1997.

Machado, Arlindo. *A televisão levada a sério*. São Paulo, Senac, 2000.

Watts, Harris. *Direção de câmera*: um manual de técnicas de vídeo e cinema. São Paulo, Summus, 1999.

Xavier, Ismail. *O discurso cinematográfico*. Rio de Janeiro, Paz e Terra, 1984.

Sites para pesquisa

<http://www.cinema.art.br/smais_roteiros.asp>.
<http://www.portacurtas.com.br>.
<http://www.mnemocine.com.br>.
<http://festivaldominuto.uol.com.br/>.
<http://www.itsalltrue.com.br/2005/index.htm>.
<http://www.cinemabrasil.org.br/site02/index.html>.
<http://www.cinemanet.com.br>.
<http://www.artgaragem.com.br/>.
<http://www.multirio.rj.gov.br/portal/riomidia/>.

Impresso na gráfica da
Pia Sociedade Filhas de São Paulo
Via Raposo Tavares, km 19,145
05577-300 - São Paulo, SP - Brasil - 2007